स्टीफ़न आर. कवी
के
विवेकपूर्ण विचार

स्टीफ़न आर. कवी
के

विवेकपूर्ण विचार

अनुवाद : कपिल सिंह

MANJUL

मंजुल पब्लिशिंग हाउस

First published in India by

MANJUL

Manjul Publishing House

Corporate and Editorial Office

• 2nd Floor, Usha Preet Complex, 42 Malviya Nagar, Bhopal 462 003 - India

Sales and Marketing Office

• 7/32, Ground Floor, Ansari Road, Daryaganj, New Delhi 110 002 - India

Website: www.manjulindia.com

Distribution Centres

Ahmedabad, Bengaluru, Bhopal, Kolkata, Chennai, Hyderabad, Mumbai, New Delhi, Pune

Hindi translation of *The Wisdom and Teachings of Stephen R. Covey*

FranklinCovey India and SouthAsia
JIL Tower A, Institutional Area,
Ground Floor, Plot No. 78, Sector-18,
Gurgaon, Haryana - 122 001 India Tel: +91 124 4782222
Mumbai: +91 22 42754444, Bangalore: +91 80 40716888
Website: www.franklincoveysouthasia.com

This edition first published in 2014
Second impression 2016

ISBN 978-81-8322-397-3

Translation by Kapil Singh

Printed and bound in India by Thomson Press (India) Ltd.

विषय-सूची

स्टीफ़न आर. कवी
के
विवेकपूर्ण विचार

प्रस्तावना

इस पुस्तक में वर्तमान दौर के महान शिक्षक, डॉ. स्टीफ़न आर. कवी के चुनिंदा विचार व विवेकपूर्ण कथन समाहित हैं।

एक युवक के रूप में डॉ. कवी से आशा की जाती थी कि वे अपने पारिवारिक होटल व्यवसाय में हाथ बटाएँ, लेकिन यह रास्ता उनके लिए नहीं था। वे अलग तरह से योगदान देना चाहते थे - एक शिक्षक बनकर मानवीय संभावनाओं को उनमुक्त बनाने हेतु अपने जीवन को समर्पित कर के। उन्होंने लिखा कि "प्रत्येक व्यक्ति मूल्यवान है, जो तकरीबन असीमित संभावनाओं व क्षमताओं से भरा हुआ है।"

अपने सपने को साकार करने के लिए वे हार्वर्ड ग्रेजुएट स्कूल से पढ़ाई पूरी करने के बाद विश्वविद्यालय के प्रोफ़ेसर बन गए। इसके बाद उन्होंने एक परामर्शदाता के रूप में अपने प्रभाव का दायरा बढ़ाते हुए व्यापार-जगत व शासकीय लीडरों तक पहुँच बनाई। 1989 में *द 7 हैबिट्स ऑफ़ हाइली इफ़ैक्टिव पीपल* (जिसे बहुत-से लोग हमारे समय की सर्वाधिक महत्त्वपूर्ण पुस्तक मानते हैं) के प्रकाशन के बाद डॉ. कवी ने दुनिया भर में अपनी छाप छोड़ी, जो अभी तक क़ायम है। इस पुस्तक के साथ ही उनकी अन्य रचनाएँ घर और दफ़्तर के पुस्तकालयों में देखी जा सकती हैं।

न केवल उनके द्वारा दी गई शिक्षा, बल्कि उनका जीवन भी हमें लगातार उपयोगी बने रहने वाले सिद्धांतो के प्रभाव की याद

दिलाता है। ऊल-जलूल हरकतों या प्रचार पाने के लिए जोड़-तोड़ करने में उनकी कोई रूचि नहीं थी। उनका जुनून तो जीवन की स्थिर, निर्विकार व सदा नई बने रहने वाली सच्चाइयों को स्पष्ट करने व सिखाने के लिए था - वे सच्चाइयाँ जो पेशेवर सफलता और व्यक्तिगत संतुष्टि, दोनों पर ही समान रूप से लागू होती हैं। और वे उन सच्चाइयों के सहारे जिए भी - जैसा कि उनके असंख्य मित्र, परिवार के सदस्य व शिष्य प्रमाणित करते हैं।

जीवन के निर्धारक सिद्धांतों - जैसे अखंडता, जीवन में संतुलन, दृष्टि व प्रेम - को बताने वाली इस पुस्तक के उद्धरण और कहानियाँ, इन सिद्धांतों को आसान और श्रेष्ठ तरीक़े से प्रस्तुत करते हैं।

हाँलाकि डॉ. कवी अब हमारे बीच नहीं हैं, हम सदा उनकी शिक्षा से लाभान्वित होते रहेंगे - कि सच तो सच है और स्वयं ही अपना प्रमाण है, कि आप सिद्धांतों का पालन किए बिना इस ब्रह्मांड से कुछ पाने की आशा नहीं कर सकते, और आपका यह जीवन बहुत मूल्यवान है, जिसे साधारण रूप से जी कर व्यर्थ गवाँया जा सकता है या फिर महानता की दिशा में निवेश किया जा सकता है।

— कवी परिवार

पाठकों के लिए

इस संग्रह का संकलन विभिन्न पुस्तकों व लेखों के माध्यम से किया गया है। प्रत्येक उद्धरण के बाद एक अंक दिया गया है जो पुस्तक के अंत में दी गई संदर्भ-सूची से संबन्धित है।

उत्तरदायित्व
का
सिद्धांत

मेरे सात वर्षीय बेटे स्टीफ़न ने आँगन की देख-रेख का ज़िम्मा ले लिया।

मैंने कहा, "देखो बेटा, हमारे पड़ोसी का अहाता कितना हरा-भरा और साफ़-सुथरा है! हम यही तो चाहते हैं : हरियाली और सफ़ाई। अब हमारे आँगन की ओर देखो। क्या तुम्हें कई तरह के रंग दिख रहे हैं? इसे हरियाली नहीं कहते। हमें इसे हरा और साफ़ बनाना ही होगा।"

दो सप्ताह, दो शब्द : हरियाली और सफ़ाई।

वह शनिवार का दिन था। उसने कुछ नहीं किया। रविवार... कुछ नहीं। सोमवार... कुछ नहीं। मंगलवार को जब मैं अपने काम पर जाने के लिए निकला, तो मेरी नज़र पीले, अव्यवस्थित आँगन और जुलाई के चिलचिलाते सूरज पर पड़ी।

यह ठीक नहीं हो रहा था। मैं उसके प्रदर्शन से उदास और असंतुष्ट था।

मैं हमारे बीच हुए समझौते पर बात करने के लिए तैयार था। लेकिन स्वयं से किए हुए उसके वादे का क्या होता?

तो मैंने दिखावटी मुस्कान के साथ कहा, "क्यों बेटा, सब कैसा चल रहा है?"

"बढ़िया!" उसने कहा।

मैंने धैर्य रखा और रात के खाने के बाद तक रुका रहा। फिर मैंने कहा, "बेटा, हम वही करते हैं जो हमारे बीच तय हुआ था। हम आँगन का एक चक्कर लगाते हैं और तुम मुझे दिखाना कि तुम्हारे प्रबंधन के अंतर्गत सब कैसा चल रहा है।"

जैसे ही हम दरवाज़े के बाहर निकले, वह काँपने लगा। उसकी आँखों में आँसू छलक आए, और जब हम आँगन के बीच पहुँचे तो वह रो पड़ा।

"यह बहुत मुश्किल है, डैडी!"

क्या बहुत मुश्किल है, मैंने सोचा। तुमने तो कुछ काम किया ही नहीं! लेकिन मैं जानता था कि क्या मुश्किल है – आत्म-प्रबंधन, आत्म-निरीक्षण। तो मैंने कहा, "क्या मैं कुछ मदद कर सकता हूँ?"

"क्या सचमुच आप मदद करेंगे, डैडी?" उसने कहा।

"हमारा क्या समझौता हुआ था?"

"आपने कहा था कि यदि समय रहा तो आप मेरी मदद करेंगे।"

"मेरे पास समय है।"

वह दौड़कर घर के अंदर गया और दो बोरे लेकर लौटा। एक बोरा मुझे देते हुए उसने कहा, "क्या आप उसे उठा सकते हैं? मुझे इससे घिन होती है।" उसका इशारा शनिवार रात के बारबेक्यू से हुए कूड़े की तरफ़ था।

मैंने ऐसा ही किया। मैंने ठीक वही किया जो उसने मुझसे करने के लिए कहा। और तब उसने मन ही मन ख़ुद से एक वादा किया। वह उसका आँगन, उसका कार्यक्षेत्र बन गया।

उस पूरी गर्मी के मौसम में उसने सिर्फ़ दो या तीन बार और मदद माँगी। उसने उस आँगन की देखभाल की। मेरी निगरानी में वह जितना हरा और साफ़ था, उससे बेहतर स्थिती में उसे मेरे बेटे ने रखा।[7]

उत्तरदायित्व से ज़िम्मेदारी का अहसास होता है।[3]

हम सभी अपने कार्यक्षेत्र से बाहर की चीज़ों में रूचि रखते हैं। ऐसा हमें करना भी चाहिए, लेकिन ऐसा करने का सबसे महत्त्वपूर्ण तरीक़ा यह है कि हम अपने कार्यक्षेत्र का दायरा बढ़ाएँ।[4]

लोगों को ज़िम्मेदारी की राह पर बनाए रखना कोई नीचा दिखाने वाला काम नहीं है; यह तो सकारात्मक कार्य है।[7]

ग़लती करना एक बात है, और उसे न मानना दूसरी बात है। लोग ग़लतियों को माफ़ कर देंगे क्योंकि ग़लतियाँ अक्सर दिमाग़ के ग़लत निर्णय की वजह से होती हैं। लेकिन लोग आसानी से उन ग़लतियों को माफ़ नहीं करेंगे जो दिल से, दुर्भावना से, ग़लत उद्देश्यों से, अहंकारवश और पहले की गई ग़लती को सही ठहराने के लिए की जाती हैं।[7]

'वादा' शब्द का प्रयोग तब तक न करें जब तक आप उसे हर क़ीमत पर निभाने के लिए तैयार न हों।[8]

वादा करके उसे तोड़ देने से विश्वास जल्द ही टूट जाता है। इसके विपरीत, वादा निभाए जाने पर विश्वास दृढ़ हो जाता है।[8]

लोगों को चीज़ों के स्वाभाविक परिणामों से बचाने का प्रयास करना, उन्हें गैर-ज़िम्मेदार बनने की प्रेरणा देता है।[4]

रिश्तों में उपजी तकरीबन सभी परेशानियों के कारण की जड़े विभिन्न भूमिकाओं न उद्देश्यों से जुड़े द्वंद्व व अस्पष्ट प्रत्याशाओं में समाहित हैं।[7]

प्रबंधन का सिद्धांत अपनी ज़िम्मेदारियों व सौंपे गए कार्य पर ध्यान केंद्रित करने पर आधारित है, चाहे वे जो भी हों। आप अपने कर्तव्य पर इस तरह केंद्रित रहें कि उसका दायरा व्यापक हो जाए - अर्थात् आपसे जितनी आशा की जाती है उससे अधिक काम करें, जो पहले से मौजूद हो उसमें वृद्धि करें। उदाहरण के तौर पर, एक पति होने के नाते आप अपनी पत्नी के लिए एक उदार व समझदार साथी बनने तथा अपने बच्चों के लिए आदर्श पिता बनने की ज़िम्मेदारी पर स्वंय को केंद्रित कर सकते हैं।[4]

किसी परिस्थिति को बेहतर बनाने के लिए पहले आपको बेहतर बनना होगा। अपनी पत्नी में परिवर्तन लाने के लिए आपको स्वयं बदलना होगा। अपने पति का दृष्टिकोण बदलने के लिए आपको अपना दृष्किोण बदलना होगा। अधिक आज़ादी पाने के लिए आपको ज़्यादा ज़िम्मेदार और अनुशासित बनना होगा।[4]

बच्चों को आज्ञाकारी बनाने के लिए अभिभावकों के रूप में आपको और मुझे कुछ नियमों व सिद्धांतों का पालन करना होगा।[4]

टुटे हुए रिश्तों को जोड़ने के लिए पहले हमें अपने हृदय में झाँक कर अपनी ज़िम्मेदारियों व ग़लतियों को खोजना होगा। एक ओर खड़े होकर दूसरों की कमज़ोरियों की तरफ़ इशारा करना आसान होता है। ऐसा करके हम सिर्फ़ अपने अहंकार की पूर्ति करते हैं तथा स्वयं को सही ठहराते हैं।[4]

हम हमारी भावनाएँ नहीं हैं। हम हमारी मनोदशा नहीं हैं। हम हमारे विचार भी नहीं हैं... आत्म-बोध के द्वारा हम यह परीक्षण भी कर सकते हैं कि हम स्वंय को कैसे "देखते" हैं।[7]

किसी चीज़ में शामिल हुए बिना समर्पण की भावना नहीं आती है। इस बात को याद कर लें, इसे लिख लें, इस पर निशान लगा लें, इसके नीचे रेखा खींच लें। शामिल नहीं होंगे तो समर्पण नहीं आएगा।[7]

संतुलन का सिद्धांत

कल्पना करें कि आप जंगल में एक ऐसे व्यक्ति से मिलते हैं, जो बहुत उत्तेजना के साथ एक पेड़ को काटने का प्रयास कर रहा है।

"आप क्या कर रहे हैं?" आप पूछते हैं।

"आप देख नहीं सकते, मैं यह पेड़ काट रहा हूँ?" उसने अधीरता के साथ जवाब दिया।

"आप बहुत थके हुए लग रहे हैं! आप कितनी देर से यह कोशिश कर रहे हैं?" आप आश्चर्य के साथ पूछते हैं।

"पाँच घंटे से ज़्यादा हो गए और अब मैं पस्त हो चुका हूँ! यह मुश्किल काम है," उसने कहा।

देखिए, आप कुछ देर आराम करने के बाद आरी की धार तेज़ क्यों नहीं कर लेते? मुझे यक़ीन है कि तब आरी तेज़ गति से काम करेगी," आप सुझाव देते हैं।

"मेरे पास धार तेज़ करने का समय नहीं है, क्योंकि मैं पेड़ काटने में बहुत व्यस्त हूँ," उस व्यक्ति ने ज़ोर देकर कहा।[7]

क्या आप कभी गाड़ी चलाने में इतने व्यस्त हुए हैं कि आपके पास ईंधन भरवाने का भी समय न हो?[10]

मृत्युशैया पर पड़े कितने लोग ऐसा सोचेंगे कि वे अपना ज़्यादातर समय दफ़्तर में बिताएँ?[1]

कई लोग यह सोच सकते हैं कि एक क्षेत्र में पाई सफलता अन्य क्षेत्रों में हुई हार की भरपाई कर सकती है। लेकिन क्या वास्तव में ऐसा है? सार्थक प्रभाव के लिए संतुलन आवश्यक है।[7]

अपनी प्राथमिकताओं की अनुसूची तैयार करना ही सफलता की कुंजी है, न कि अनुसूची के अनुसार अपनी प्राथमिकताएँ तय करना।[7]

ऐसा समय भी आता है जब आप मन के द्वारा संचालित होते हैं, ऐसा समय भी आता है जब हृदय आपका संचालन करता है।[20]

हमें कभी भी आरी चलाने में इतना व्यस्त नहीं होना चाहिए कि उसकी धार बनाने का भी समय न मिले।[3]

चुनाव
का
सिद्धांत

एक बार जब मैं क्रियाशीलता के विषय पर बोल रहा था, तो श्रोताओं के बीच से एक महिला मेरी प्रस्तुति के दौरान ही उठ खड़ी हुई तथा उत्तेजना में भरकर बातें करने लगी। वह बहुत प्रसन्न दिख रही थी।

"आप सोच भी नहीं सकते कि मेरे साथ क्या हुआ है!" उसने कहा। मैं एक ऐसे व्यक्ति की पूर्णकालिक नर्स हूँ, जिसकी कृतघ्नता और बुराई की आप सिर्फ़ कल्पना ही कर सकते हैं। मैं चाहे जो कर लूँ, उसे पसंद ही नहीं आता। वह कभी तारीफ़ नहीं करता; वह मेरी ओर शायद ही कभी ध्यान देता हो। वह मुझे लगातार खरी-खोटी सुनाता है और मेरे हर काम में ग़लतियाँ ढूँढता है। इस व्यक्ति ने मेरे जीवन को दुःखद बना दिया है, और मैं अपनी भड़ास अक्सर अपने परिवार पर निकालती हूँ। अन्य सभी नर्स भी ऐसा ही सोचती हैं। हम तो उसके गुज़र जाने की प्रार्थना करते हैं।"

"और आप वहाँ दृढ़ता के साथ खड़े होकर यह कह रहे हैं कि कोई चीज़ या कोई व्यक्ति मेरी मर्ज़ी के बिना मुझे आहत नहीं कर सकते, और अपना यह दयनीय भावनात्मक जीवन मैंने स्वंय ही चुना है। देखिए, मैं किसी भी तरह से इस पर यक़ीन नहीं कर सकती हूँ।"

"लेकिन मैं इस बारे में सोचती रही। मैंने वास्तव में अपने भीतर उतर कर पूछा, 'क्या अपनी प्रतिक्रिया चुनने की शक्ति मेरे पास है?' और आख़िरकार जब मैंने जाना कि वह शक्ति मुझमें है, जब मैंने कड़वा घूँट पीकर महसूस किया कि मैंने ही अपनी इस हालत का चुनाव किया है, तब मुझे यह अनुभूति भी हुई कि मैं दुःखी न रहने का चुनाव भी कर सकती हूँ। मैं उसी क्षण उठ कर खड़ी हो गई। मुझे ऐसा लगा जैसे मैं कैद से बाहर आ गई हूँ। मैं पूरी दुनिया से चिल्ला-चिल्ला कर कहना चाहती थी, 'मैं आज़ाद हूँ!

मैं कैद से बाहर आ गई हूँ! अब मुझे किसी व्यक्ति का इलाज अपने नियंत्रण में नहीं रख सकता।"[7]

हम सभी बदलाव के एक ऐसे दरवाज़े की पहरेदारी कर रहे हैं जिसे सिर्फ़ भीतर से ही खोला जा सकता है।[7]

हर व्यक्ति के पास ये चार गुण होते हैं - आत्म-बोध, अन्तःकरण, स्वतंत्र सोच और रचनात्मक कल्पना। ये हमें सर्वोच्च मानवीय स्वतंत्रता प्रदान करते हैंः चुनाव करने की, प्रतिक्रिया करने की, बदलाव करने की शक्ति।[1]

अप्रसन्न रहने की भाँति ही प्रसन्न रहना भी एक क्रियाशील चुनाव है।[7]

प्रसन्नता - कुछ हद तक - उस इच्छा व क्षमता का परिणाम है, जिसके अंतर्गत हम उस चीज़ का बलिदान करते हैं जो हमें अभी चाहिए, बजाय उसके जो हम आख़िरकार चाहते हैं।[7]

मैं अपनी परिस्थितियों का परिणाम नहीं हूँ। मैं तो अपने द्वारा लिए गए निर्णयों का परिणाम हूँ।[21]

मैं लोगों को यह सिखाता हूँ कि मेरे साथ वैसा व्यवहार कैसे करें जैसा मैं चाहता हूँ।[21]

यदि मैं वाकई अपनी परिस्थिति बेहतर बनाना चाहता हूँ तो मैं उसी एक चीज़ पर कार्य कर सकता हूँ जिस पर मेरा नियंत्रण है – मैं स्वंय।[7]

प्रेरणा और प्रतिक्रिया के बीच एक ख़ाली स्थान होता है। उसी स्थान में प्रतिक्रियाओं को चुनने की हमारी आज़ादी और शक्ति निहित है। इन्ही चुनावों पर हमारा विकास और ख़ुशी निर्भर करते हैं।[8]

स्वंतत्र चाह ही हमारी कार्यक्षमता है। यह हमें शक्ति प्रदान करती है कि हम अपने प्रतिमानों को ऊँचा उठाएँ, लहर के विपरीत तैर सकें, अपना भाग्य दोबारा लिख सकें, उसूलों के आधार पर कार्य कर सकें, बजाय इसके कि भावनाओं या परिस्थितियों के अनुसार प्रतिक्रिया करें।[1]

यह मायने नहीं रखता कि हमारे साथ क्या होता है, लेकिन महत्त्व इस बात का है कि जिस चीज़ से हम आहत होते हैं उस पर हमारी प्रतिक्रिया क्या होती है।[7]

माचिस की एक तीली पूरी इमारत को बर्बाद कर सकती है, या फिर किसी अँधेरी जगह को रोशन कर सकती है – चुनाव आपका है।[21]

किसी विशाल जहाज़ के पतवार से जुड़ी हुई एक अन्य छोटी पतवार भी होती है जिसे ट्रिम-टैब कहते हैं। इसे ज़रा भी हिलाने पर पतवार धीरे-धीरे मुड़ती है, जिससे उस विशालकाय जहाज़ की दिशा ही बदल जाती है। अपने आप को एक ट्रिम-टैब की तरह समझें। स्वंय में छोटे-छोटे बदलाव लाकर आप किसी सगंठन को परावर्तित कर सकते हैं, और संभवतः पूरी संस्कृति ही बदल सकते हैं।[3]

मेरी प्रिय कहानियों में से एक है ओल्ड टेस्टामेंट के जोसफ़ की कहानी, जिसे कम उम्र में ही उसके भाइयों द्वारा मिस्त्र में एक ग़ुलाम के रूप में बेच दिया गया था।

क्या आप कल्पना कर सकते हैं कि उसके लिए कितना सहज रहा होगा कि वह पोटीफ़र के सेवक के रूप में ख़ुद पर दया के भाव से क्षीण हो जाता, अपने भाइयों या मालिकों की कमज़ोरियों पर ध्यान केन्द्रित करता, अथवा जो कुछ उसके पास नहीं था उसका शोक मनाता ? किन्तु जोसफ़ क्रियाशील था। और कुछ ही समय बीतने के बाद वह पोटीफ़र के पूरे घर की देख-भाल कर रहा था। पोटीफ़र का विश्वास प्राप्त कर वह उसकी संपूर्ण संपत्ति का प्रबंधक बन गया।

फिर एक दिन ऐसा आया जब जोसफ़ कठिन परिस्थितियों में फँस गया और उसने अपनी ईमानदारी से समझौता करने से इन्कार कर दिया। परिणामस्वरूप, वह अन्यायपूर्ण तरीक़े से तेरह वर्षों के लिए क़ैद में डाल दिया गया।

लेकिन वह फिर क्रियाशील बन गया। वह अपने कार्यक्षेत्र में काम करता रहा, और जल्द ही वह कारागार का संचालक बन गया। आख़िरकार वह संपूर्ण मिस्त्र का कर्ता-धर्ता बन गया और उसने फ़ेरो के बाद सर्वाधिक महत्त्वपूर्ण पद प्राप्त किया।[7]

हमारा व्यवहार हमारे फ़ैसलों द्वारा संचालित होता है, न कि हमारी परिस्थितियों द्वारा।[7]

हमारी भाषा यह मापने का एक सटीक पैमाना है कि हम किस हद तक स्वंय को क्रियाशील व्यक्ति के रूप में देखते हैं। प्रतिक्रिया करने वाले लोगों की भाषा उन्हें ज़िम्मेदारी से मुक्त कर देती है : "यह मैं हूँ। मैं ऐसा ही हूँ। मैं इस बारे में कुछ नहीं कर सकता।"[7]

हमारी सर्वोच्च स्वतंत्रता वे अधिकार और शक्तियाँ हैं, जिनके आधार पर हम यह निर्णय लेते हैं कि हमारी सोच से बाहर की चीज़ें या व्यक्ति किस तरह हमें प्रभावित करेंगे।[21]

गुज़रे हुए अनुभव अक्सर वर्तमान और भविष्य के लिए बेड़ियों जैसे होते हैं। शुरूआती प्रभाव लंबे समय तक कायम रहते हैं। आदतें आगे चलकर दिनचर्या का अभिन्न अंग बन जाती हैं। "यह नहीं किया जा सकता" वाला मानसिक रवैया आत्म-सांत्वना रूपी भविष्यवाणी बन जाता है।[4]

प्रतिक्रिया जताने वाले व्यक्ति अक्सर उनके आस-पास के भौतिक वातावरण द्वारा प्रभावित होते हैं। यदि मौसम अच्छा है, तो वे भी अच्छा महसूस करते हैं। यदि मौसम अच्छा नहीं है, तो उनके नज़रिये और प्रदर्शन पर इसका प्रभाव पड़ता है। क्रियाशील व्यक्ति अपने मौसम को अपने साथ लेकर चल सकते हैं। बारिश हो या धूप, उन्हें कोई फ़र्क नहीं पड़ता।[7]

प्रतिक्रिया करने वाले व्यक्ति उन पुरानी प्रोग्रामिंग के आधार पर जीते हैं, जो दूसरों ने उनके लिए की हो। वे अग्निशामकों की भाँति होते हैं, जो आवेग में इधर से उधर भागते रहते हैं।[21]

बाधाएँ अपरिहार्य हैं; दुर्दशा चुनाव पर आधारित है।[8]

किसी मूल्य के साथ अन्तःप्रेरणा को समाविष्ट करने की योग्यता एक क्रियाशील व्यक्ति का सार है।[7]

जब आप स्वंय को लाचार मानने लगते हैं तो आप अपने भविष्य को किस्मत पर छोड़ देते हैं। एक बार मैं बीमा एजेंटों को प्रशिक्षण दे रहा था, और वे अपनी कंपनी के वाहियात प्रशिक्षण कार्यक्रमों की शिकायत कर रहे थे। मैंने कहा, "आप लोग उन्हें बदल क्यों नहीं देते?"

उन्होंने कहा, "आपका क्या मतलब है?"

"देखिए, आप इन प्रशिक्षण कार्यक्रमों से ख़ुश नहीं हैं। आपको लगता है कि वे किसी बड़े लेज़र शो से अधिक कुछ नहीं हैं और उनमें सर्वोत्तम चीज़ों को साझा नहीं किया जाता। तो आप उन्हें बदल क्यों नहीं देते?"

"क्योंकि यह हमारा काम नहीं है।"

मैंने कहा, "देखिए, आप लाचार नहीं हैं। आप कंपनी के उच्च-स्तर के एजेंट हैं। आप सर्वोच्च निर्णायक सदस्यों के समक्ष कोई भी बात रख सकते हैं; और यदि आप अपनी बात बुद्धिमानी के साथ रखते हैं (दूसरे शब्दों में, अपनी चर्चा करने से पहले उन्हीं के मामले को उन्हीं के हित में बेहतर तरीक़े से प्रस्तुत करें) तो आप बदलाव लाने वाले एजेंट बन जाएँगे।"[12]

जो वातावरण आप अपने विचारों, अपनी मान्यताओं, अपने आदर्शों और अपने तत्व ज्ञान से निर्मित करते हैं, उसी प्रकार के माहौल में आप अपना जीवन व्यतीत करेंगे।[11]

वर्तमान सामाजिक प्रतिमान हमें यह बताते हैं कि हम बहुत हद तक सामाजिक प्रभावों तथा परिस्थितियों द्वारा संचालित होते हैं।[7]

किसी भी मानवीय प्रयास के दौरान कुछ ऐसे महत्त्वपूर्ण क्षण आते हैं, जिनका उत्तम प्रयोग किया जाए, तो वे भविष्य के निर्णायक क्षण बन जाते हैं। मुश्किल वक्त में मज़बूत बने रहें।[4]

जीवन में तीन स्थिर तत्व हैं : बदलाव, चुनाव और सिद्धांत।[21]

जब तक कोई व्यक्ति दिल की गहराई और ईमानदारी से यह नहीं कह सकता कि, "मैं आज जो कुछ हूँ, पूर्व में किए गए अपने चुनावों के कारण हूँ," तब तक वह व्यक्ति यह नहीं कह सकता कि, "अब मैं बेहतर चुनाव करूँगा।"[7]

हम कर्म करने के लिए तो स्वतंत्र हैं, लेकिन उन कर्मों के परिणाम भुगतने में स्वतंत्र नहीं हैं। याद रखिए, अगर आप छड़ी का एक सिरा पकड़कर उठाते हैं तो दूसरा सिरा स्वंय उठ जाता है।[7]

आप आपकी आदते नहीं हैं। आप स्वंय को हराने वाले व्यवहार की पुरानी पद्धतियों के स्थान पर नई पद्धति अपना सकते हैं, नई प्रभावशाली आदतें अपना सकते हैं।[7]

एक बार एक विद्यार्थी ने मुझसे पूछा, "क्या आप मुझे कक्षा से बाहर जाने देंगे? मुझे टेनिस खेलने जाना होगा।"

"तुम्हें जाना होगा या तुम अपनी मर्ज़ी से जाना चाहते हो? मैंने पूछा।"

"मुझे सच में जाना होगा," उसने स्पष्ट किया।

"यदि तुम न जाओ तो क्या होगा?"

"वे मुझे टीम से बाहर निकाल देंगे।"

"क्या तुम चाहोगे कि ऐसा हो?"

"नहीं।"

"दूसरे शब्दों में, तुम जाना चाहते हो क्योंकि तुम टीम में बने रहना चाहते हो। यदि तुम मेरी कक्षा से चले जाओगे तो क्या होगा?"

"मुझे पता नहीं।"

"ग़ौर से सोचो। कक्षा में नहीं आने का क्या सहज परिणाम होगा?"

"आप मुझे बाहर तो नहीं निकाल देंगे?"

"वह तो एक सामाजिक परिणाम होगा जो बनावटी होगा। यदि तुम टेनिस टीम के साथ नहीं जाते हो, तो तुम खेल नहीं पाओगे। सीधी-सी बात है। लकिन अगर तुम मेरी कक्षा में नहीं आते हो, तो इसका सहज परिणाम क्या होगा?"

"शायद मैं कुछ चीज़ें सीख नहीं पाऊँगा।"

"ठीक कहा। तो तुम्हें इस परिणाम की तुलना दूसरे परिणाम से करने के बाद चुनाव करना होगा। यदि मैं तुम्हारी जगह होता तो टेनिस खेलने का चुनाव करता। लेकिन यह कभी मत कहो कि तुम्हें कुछ करना पड़ेगा।"

"मैं टेनिस खेलने का चुनाव करता हूँ," उसने धीरे से कहा।

"और मेरी कक्षा छोड़ दोगे?"[7]

योगदान
का
सिद्धांत

मेरे एक संबन्धी ने अपनी पूरी पेशेवर ज़िंदगी आई बी एम के लिए काम करने में गुज़ार दी। उन्होंने एक गतिशील कंपनी के हर बदलाव के दौरान अपनी प्रगति बनाए रखी, और कड़ी मेहनत के बल पर एक ऐसे उद्योग में उपयोगी बने रहे जो कुछ वर्षों के अतंराल में क्रांतिकारी रूप से बदलता रहता है। वे अपने काम में माहिर हैं और उसे गंभीरता से लेते हैं। उनके ग्राहक उन्हें बहुत पसंद करते हैं। इससे भी अच्छी बात यह है कि वे एक बेहतरीन पारिवारिक जीवन का आनंद ले रहे हैं। वे लगातार पदोन्नति अथवा दूसरों द्वारा की गई प्रशंसा जैसे बाहरी सफलता के संकेतों की चाह नहीं रखते, लेकिन इसके बावजूद वे प्रगति कर रहे हैं।

मेरे विचार से यह एक बहुत बढ़िया करियर है। वे अपना सर्वोत्तम प्रदर्शन करते हैं, और साथ ही अपने ग्राहकों, साथी कर्मचारियों तथा परिवार की वफ़ादारी व भरोसा भी अर्जित करते हैं।

कई लोग महत्त्वाकांक्षा को लेकर बहस करते हैं। क्या यह अच्छी चीज़ है या बुरी? मैं मानता हूँ कि यह तो महत्त्वाकांक्षा की वस्तु पर निर्भर करता है... यदि आप कोई महत्त्वपूर्ण कार्य करना चाहते हैं, एक सार्थक योगदान देना चाहते हैं, तो आप उस कार्य के अच्छी तरह संपन्न होने तथा एक सफल जीवन जीने की गहरी संतुष्टि का अनुभव करेंगे। मैं इस तरह की महत्त्वकांक्षा में यक़ीन रखता हूँ।[2]

जिस भी व्यक्ति ने बहुत प्रभावशाली तरीक़े से अच्छे या बुरे काम किए हैं, उसमें ये तीन गुण अवश्य रहे हैं : भविष्य-दृष्टि, अनुशासन और तीव्र मनोभाव। हिटलर में ये तीनों गुण थे, लेकिन चौथा

अनिवार्य गुण नहीं था – विवेक। इसका परिणाम था विनाश।[7]

प्रकाश फैलाएँ, निर्णय देने वाले न बनें। एक आदर्श व्यक्ति बनें, आलोचक नहीं।[7]

हममें से प्रत्येक में यह इच्छा गहराई तक समाई है कि हम महानता और योगदान से भरा जीवन जिएँ, कि हम महत्त्वपूर्ण बनें तथा वास्तव में बड़े बदलाव लाएँ। हम चेतना के साथ औसत जीवन के स्थान पर एक महान जीवन जीने का निर्णय ले सकते हैं – चाहे वह घर हो, कार्यस्थल हो अथवा समाज।[8]

प्रभावशीलता का महत्त्व अब एक विकल्प के रूप में नही रह गया है। नए युग की आवश्यकता है महानता।[8]

दूसरों की कमज़ोरियों को दोष के रूप में न देखकर करूणा की दृष्टि से देखें। मुद्दा यह नहीं है कि वे क्या नहीं कर रहे हैं या उन्हें क्या करना चाहिए। मुद्दा यह है कि आप किसी परिस्थिति में कैसी प्रतिक्रिया करते हैं और आपको क्या करना चाहिए।[7]

मनुष्य की प्रकृति आलसी या निष्क्रिय बने रहने की नहीं है। उसकी स्वाभाविक व आध्यात्मिक वृत्तियाँ उसे अंतहीन ऊर्जा व उत्साह देती

हैं। प्रतिदिन हम इन गुणों को उन गतिविधियों में साकार होते देखते हैं जिनके माध्यम से मनुष्य व्यक्तिगत अर्थों व महत्त्व को खोजता है।[4]

हममें से अधिकतर लोग तुरंत पूरे किए जाने वाले कार्यों पर बहुत-सा समय ख़र्च करते हैं, और महत्त्वपूर्ण कार्यों के लिए पर्याप्त समय नहीं निकालते।[21]

पहले दर्जे की महानता का अर्थ है चरित्र व योगदान। दूसरे दर्जे की महानता है प्रतिष्ठा, संपत्ति व पद।[21]

कोई व्यक्ति जितना बेहतर बन सकता है, उसे बनना चाहिए।[4]

सर्वश्रेष्ठ का शत्रु अक्सर श्रेष्ठ होता है।[7]

जीवन की कुंजी संचय करना नहीं बल्कि योगदान देना है।[21]

हम अपने संपूर्ण जीवन में और इस पूरी दुनिया में जो सबसे महत्त्वपूर्ण काम कर सकते हैं, वह हमारे घर की चारदीवारी में ही हो सकता है।[21]

इस संसार की जिस संस्कृति में हम उलझे हुए हैं वह प्रारंभिक तौर पर भौतिक व सामाजिक उद्देश्यों व मूल्यों को अपनाती है, जो अक्सर आत्म-संतुष्टि देने वाले उद्देश्यों व मूल्यों के परस्पर विरोधी होते हैं।[4]

उपलब्धि हासिल करने वाले तथा योगदान देने वाले, दोनों ही प्रकार के लोग होते हैं। कई उपलब्धि प्राप्त व्यक्ति योगदान भी देते हैं, लेकिन ज़्यादातर मामलों में वे योगदान की मात्र तैयारी करते हैं। अपने जीवन को एक योगदान करने वाले के जीवन के रूप में देखें।[21]

साहस का सिद्धांत

मेरे एक परिचित बहुत परेशान थे क्योंकि उनकी नज़रों में उनके बॉस एक अप्रभावशाली नेतृत्व शैली द्वारा बँधे हुए थे।

"वे कुछ करते क्यों नहीं हैं?" उन्होंने मुझसे पूछा। "मैंने उनसे इस बारे में बात की है और उन्हें इसका आभास भी है, लेकिन वे करते कुछ नहीं हैं।"

"आप उनके समक्ष एक प्रभावशाली प्रस्तुती क्यों नहीं देते हैं? मैंने पूछा।

"मैंने ऐसा किया था," जवाब मिला।

"आप 'प्रभावशाली' को कैसे परिभाषित करते हैं? जब सेल्समैन बिक्री नहीं कर पाता तो दोबारा सीखने के लिए वापस किसे भेजा जाता है – ख़रीदार को? 'प्रभावशाली' का मतलब है कि कोई चीज़ काम करे। क्या आप मनचाहा बदलाव कर पाए? क्या इस प्रक्रिया के दौरान आपने संबन्ध विकसित किए? आपकी प्रस्तुती से क्या परिणाम निकले"

"मैंने आपसे कहा न, उन्होंने कुछ नहीं किया। वे सुनते ही नहीं हैं।"

"तो आप एक प्रभावशाली प्रस्तुति तैयारी कीजिए। आपको परानुभूति जताते हुए उनके विचारों के साथ सामंजस्य बैठाना होगा। आप उनके सामने अपनी बात बिलकुल सहज रूप में रखिए और वे जिस उपाय के पक्ष में हैं उसे उनसे भी बेहतर तरीक़े से विस्तारपूर्वक बताएँ। इसके लिए आपको कुछ तैयारी करनी होगी। क्या आप तैयार हैं?"

"मुझे यह सब क्यों करना पड़ेगा?" उन्होंने पूछा।

"दूसरे शब्दों में कहें तो आप चाहते हैं कि वे अपनी

संपूर्ण नेतृत्व शैली बदल दें और आप स्वंय अपनी प्रस्तुति का तरीक़ा नहीं बदलना चाहते?"

"शायद ऐसा ही है," उन्होंने कहा।

"तो ठीक है, मुस्कुराइए और उन परिस्थितियों के साथ जीना सीख लीजिए।" मैंने कहा।

"मैं इस तरह नहीं जी सकता, इससे मेरी सत्यनिष्ठा को चोट पहुँचती है," वे बोले।

"तो फिर एक प्रभावशाली प्रस्तुती पर काम शुरू कर दीजिए।" आख़िकार उन्होंने ऐसा नहीं किया। उन्हें यह प्रयास कुछ ज़्यादा ही मुश्किल प्रतीत हुआ।[7]

कई लोग विभाजन की शैली में सोचते हैं, वे सोचने के दौरान या/अथवा वाली पद्धति अपना लेते हैं। वे सोचते हैं कि यदि आप अच्छे व्यक्ति हैं तो मज़बूत नहीं हो सकते। हालाँकि संतुलित सोच ही अच्छी होती है... और मज़बूत भी।[7]

सबसे बड़ा जोख़िम है बिना जोख़िम वाले जीवन का जोख़िम।[8]

जिस रिश्ते में खटास आ गई हो उसे मज़बूत बनाने का एकमात्र वास्तविक उपाय है आमने-सामने की बातचीत - उस व्यक्ति के पास जाकर समाधान की बात करें, घटी हुई घटना पर दोबारा चर्चा

करें, माफ़ी माँगें, उसे माफ़ करें, अथवा जो कुछ आपको कारगर लगे वह करें।[21]

जब हमारा किसी समस्या पर नियंत्रण न हो तो हमें पूरी ज़िम्मेदारी अपने ऊपर लेते हुए, मुस्कुराकर, शांति और ईमानदारी के साथ उस समस्या को स्वीकार कर उसके साथ जीना सीख लेना चाहिए, भले ही हम ऐसा करना पसंद न करें। इस प्रकार, हम उस समस्या को स्वंय पर नियंत्रण स्थापित करने से रोक देते हैं।[7]

प्रभावशीलता
का
सिद्धांत

क्या आपको उस ग़रीब किसान की कहानी याद है जिसे एक दिन अपनी पाली हुई हंसिनी के घोंसले से सोने का अंडा मिला था? पहले तो उसने सोचा कि यह कोई शरारत है। लेकिन जैसे ही वह उस अंडे को फेंकने लगा, उसे दूसरा विचार आया और उसने अंडे की जाँच की। वह शुद्ध सोने का था! किसान को अपनी किस्मत पर यक़ीन नहीं हो रहा था। अगले दिन जब पुनः यही घटना घटी तो उसका संदेह और भी बढ़ गया।

हर सुबह जाकर वह घोंसले में एक सोने का अंडा देखता। वह बहुत धनी बन गया; यह सब असंभव-सा लग रहा था। लेकिन उसकी बढ़ती दौलत के साथ ही लालच और अधीरता भी आ गए।

सोने के अंडों के लिए रोज़ इंतज़ार करना किसान को रास नहीं आया और उसने निश्चय किया कि वह हंसिनी को मार कर सभी अंडे एक साथ प्राप्त कर लेगा। लेकिन हंसिनी के भीतर उसे कुछ नहीं मिला। वहाँ सोने के अंडे नहीं थे और अब उन्हें पाने का कोई तरीक़ा भी नहीं था। उन अंडों को देने वाली हंसिनी को किसान ने नष्ट कर दिया था।

मेरे ख़याल से इस कहानी में एक प्राकृतिक नियम छिपा है, एक सिद्धांत - प्रभावशीलता की मूल परिभाषा। कई लोग प्रभावशीलता को सोने के अंडे के उदाहरण की तरह देखते हैं : आप ज़्यादा उत्पादन करेंगे, तो ज़्यादा काम करेंगे, और ज़्यादा प्रभावशील बनेंगे। यदि आप जीवन में ऐसी पद्धति को अपनाएँगे जो सोने के अंडों पर तो केन्द्रित रहती है लेकिन हंसिनी की उपेक्षा करती है, तो जल्द ही आप उस ज़रिए को खो देंगे जो सोने के अंडों का उत्पादन करता है। दूसरी ओर, यदि आप सोने के अंडों का ध्यान छोड़कर केवल हंसिनी की देख-भाल करते हैं, तो जल्द ही आपके और हंसिनी

दोनों के लिए ही कोई साधन नहीं बचेगा। प्रभावशीलता तो संतुलन बनाने में निहित है।[7]

अत्यंत प्रभावशाली व्यक्तियों में 7 आदतें ज़रूर होती हैं। आदत 1 कहती है "आप ही प्रोग्राम बनाने वाले हैं" और आदत 2 कहती है "प्रोग्राम को तैयार कीजिए"; फिर आदत 3 कहती है "प्रोग्राम को चलाएँ", "प्रोग्राम को जिएँ।" आदत 7 किसी व्यक्ति के निरंतर विकास का उदाहरण है; यह शिक्षा, ज्ञान व पुर्नसमर्पण की सूचक है।[7]

यदि हम मूलभूत समस्या पर काम नहीं करेंगे तो दुनिया-भर के शुभचिंतकों की सलाह का भी कोई मूल्य नहीं होगा।[7]

जब भी हम सोचते हैं कि समस्या तो "वहाँ है," तो वह विचार ही समस्या बन जाता है।[7]

प्रभावशाली लोग समस्या पर नहीं बल्कि अवसरों पर ध्यान केंद्रित करते हैं। वे अवसरों को पुष्ट बनाते हैं तथा समस्याओं को भूखा रखते हैं।[7]

आदत ज्ञान (क्या करें), कौशल (कैसे करें) व इच्छा (करना है) का समागम है।[7]

जब लोग पारस्परिक निर्भरता के माहौल में समस्या सुलझाने अथवा निर्णय लेने का प्रयास करते हैं, तो नकारात्मक ऊर्जा का कितनी मात्रा में विस्तार होता है? दूसरों के पापों को स्वीकारने में, राजनीति की चर्चा में, दुश्मनी में, व्यक्तिगत झगड़े में, स्वंय को आलोचना से बचाने में, योजना बनाने में और कयास लगाने में कितना समय गवाँया जाता है? यह ऐसा ही है जैसा एक पैर से गाड़ी की गति बढ़ाना और दूसरे पैर से ब्रेक लगाना।[7]

संपूर्ण जीवनकाल में बढ़ोत्तरी और विकास की प्रक्रिया के विभिन्न स्तर आते हैं। हम इस तथ्य को भौतिक चीज़ों के संदर्भ में जानते और स्वीकार करते हैं। लेकिन इसे भावनात्मक क्षेत्रों, मानवीय संबन्धों और यहाँ तक कि आध्यात्मिक मामलों में समझना ज़्यादा मुश्किल है।[4]

परस्पर निर्भर रहने वाली वास्तविकता के लिए स्वतंत्र सोच अनुकूल नहीं है। ऐसे स्वतंत्र लोग जिनमें पारस्परिक रूप से सोचने और कार्य करने की परिपक्वता नहीं है, वे अच्छे एकल उत्पादक तो हो सकते हैं, लेकिन अच्छे लीडर या टीम के खिलाड़ी नहीं हो सकते। वे परस्पर निर्भरता के उस माहौल के लिए उपयुक्त नहीं हैं जो विवाह, परिवार अथवा किसी संगठन के लिए आवश्यक है।[7]

यह संभव है कि बिना बहुत प्रभावशाली हुए व्यस्त रहा जाए – बहुत व्यस्त रहा जाए।[7]

जीवन जिएँ, प्रेम करें, हँसें और इन सभी से परिपूर्ण एक विरासत छोड़ जाएँ।[6]

लोग पहले से कहीं ज़्यादा मेहनत कर रहें हैं, लेकिन स्पष्टता व भविष्य–दृष्टि के अभाव के कारण वे अधिक आगे नहीं जा पा रहे हैं। सारांश यह है कि वे पूरा ज़ोर लगाकर भी कहीं नहीं पहुँच रहे हैं।[8]

जब लोग किसी चीज़ को अच्छे से कर सकने में समर्थ होते हैं, तो वे अपने बारे में बेहतर महसूस करते हैं।[8]

कुछ लोगों में चारित्रिक बल तो होता है लेकिन वे व्यवहार द्वारा दूसरों से जुड़ने में असमर्थ होते हैं। इससे निश्चित रूप से उनके संबन्धों की गुणवत्ता पर भी असर पड़ता है।[3]

मुख्य बात यह है कि मुख्य बात को मुख्य बात बने रहने दें।[1]

लंबे समय से चली आ रही समस्याओं का कोई त्वरित समाधान नहीं होता। इसके लिए तो आपको प्राकृतिक तरीक़े ही लागू करने होंगे। किसी फ़सल को पतझड़ के मौसम में काटने का एकमात्र तरीक़ा है कि उसे वसन्त ऋतु में बोया जाए तथा ग्रीष्म काल में सींचा जाए, खर-पतवार हटाई जाए, जुताई की जाए और खाद डाली जाए।[3]

अपनी बुद्धि को जानकारी द्वारा बढ़ाने का इससे बेहतर तरीक़ा कोई नहीं है कि नियमित रूप से अच्छा साहित्य पढ़ने की आदत डाल ली जाए।[7]

सोने के अंडे (उत्पादन) तथा हंसिनी के स्वास्थ्य और कल्याण (उत्पादन क्षमता) के बीच संतुलन क़ायम रखना अक्सर एक मुश्किल काम होता है। लेकिन मेरे विचार से यही प्रभावशीलता का सार है।[7]

हम एक ऐसी दुनिया में रहते हैं जिसमें त्वरित समाधान अपनाए जाते हैं। क्या आप कल्पना कर सकते हैं कि एक किसान पतझड़ में ही फ़सल पाने के लिए अपने खेत को बीजों से खचाखच भर दे, या फिर जैसा विद्यार्थी करते रहे हैं और अब भी करते हैं, कि रटने का तरीक़ा अपनाकर परीक्षा उत्तीर्ण कर लें? क्या आप कल्पना कर सकते हैं कि लंबी दूरी का कोई धावक गति और सहनशीलता का "ढोंग" करे, या फिर कोई कॉन्सर्ट पियानोवादक अपने कौशल और निपुणता का "स्वांग" करे?[4]

जब किसी बच्चे के चरित्र बल, आंतरिक सुरक्षा, विलक्षण प्रतिभा और कौशल के विकास की बात आती है, तो कोई भी संस्थान घर के समर्थ माहौल की तुलना में सकारात्मक प्रभाव नहीं दे सकता।[21]

आप एक बदलावकारी व्यक्ति बन सकते हैं - गुज़रे हुए और आने वाले समय के बीच कल्याणकारी परिवर्तन के वाहक। कोई नकारात्मक प्रवृत्ति जो आपके खानदान में कई पीढ़ियों से चली आ रही हो, उसे आप समाप्त कर सकते हैं। और आपका यह बदलाव आगे आने वाली कई ज़िंदगियों पर प्रभाव डाल सकता है।[7]

परानुभूति का सिद्धांत

मान लीजिए आपकी आँखों में कुछ परेशानी आ गई है और आप एक नेत्र-रोग विशेषज्ञ के पास मदद माँगने जाते हैं। संक्षिप्त में आपकी शिकायत सुनने के बाद, वह अपना चश्मा उतारकर आपको दे देता है।

"इन्हें लगा लीजिए," वह कहता है। "मैं पिछले दस सालों से इस चश्मे का प्रयोग कर रहा हूँ और इससे मुझे काफ़ी मदद मिली है। मेरे घर पर एक और चश्मा है, आप इसे ले सकते हैं।"

तो आप उस चश्मे को लगा लेते हैं, लेकिन इससे तो समस्या और बढ़ जाती है।

"यह तो भयानक है! मैं कुछ नहीं देख पा रहा हूँ!" आप आश्चर्य व्यक्त करते हैं।

"अरे, क्या हुआ?" वह पूछता है। "मुझे तो इससे अच्छा दिखाई देता है। फिर कोशिश करें।"

"मैं कोशिश कर रहा हूँ," आप कहते हैं। "सब कुछ धुँधला दिख रहा है।"

"आपके साथ परेशानी क्या है? सकारात्मक सोच रखिए।"

"ठीक है। मुझे सकारात्मक रूप से कुछ नहीं दिख रहा है।"

"मैंने आपकी मदद के लिए कितना कुछ किया, और आप कृतघ्नता दिखा रहे हैं!" वह झल्ला कर कहता है।

अब इस बात की कितनी संभावना है कि अगली बार समस्या आने पर आप उस विशेषज्ञ के पास जाएँगे? मेरे ख़याल से, शायद ज़्यादा नहीं। आपको उस व्यक्ति पर अधिक विश्वास नहीं होता जो इलाज से पहले परीक्षण न करे।

लेकिन जब दूसरों से संपर्क की बात आती है तो हम कुछ कहने/करने से पहले कितनी बार परीक्षण करते हैं?[7]

जब आप इसकी कम परवाह करेंगे कि लोग आपके बारे में क्या सोचते हैं, तो आप इसकी ज़्यादा परवाह करेंगे कि लोग अपने बारे में क्या सोचते हैं।[7]

आपके जीवन में कभी ऐसा भी हुआ होगा, जब आपका ख़ुद में ही विश्वास न रहा हो लेकिन शायद कोई और आप में विश्वास करता हो।[7]

प्रभावित होना ही दूसरों को प्रभावित कर सकने की कुंजी है।[7]

स्वंय को अपनी ही आत्मकथा द्वारा बहकने न दें।[21]

परानुभूति से सुनने का अर्थ है समझने के उद्देश्य से सुनना। मेरा मतलब है समझने की चेष्टा करना, वास्तव में समझने का प्रयास करना, और दूसरे व्यक्ति द्वारा कही गई बात को पूरी गहराई से सुनना। फिर आप उसी नज़रिए से देखते हैं, आप दुनिया को उसी तरह देखते हैं जैसा वे देखते हैं, आप उनके प्रतिमानों को समझते है, आप उनकी भावनाओं को समझते हैं।[7]

परानुभूति से आपकी सोच का दायरा भी विस्तृत हो जाता है। जब आपका जीवन-साथी या आपका सहकर्मी या आपका मित्र खुलकर आपसे बात करता है और पारदर्शिता ला पाता है, तो वह अपने विचार आप में उड़ेल देता है। उसके जीवन की सच्चाई आपकी भी सच्चाई बन जाती है।[5]

परानुभूति किसी तरह की सहानुभूति नहीं है। सहानुभूति तो सहमति का एक रूप है। परानुभूति का अर्थ किसी से सहमत होना नहीं है; यह तो किसी व्यक्ति को भावनात्मक व बौद्धिक रूप से पूरी तरह समझने का प्रयास है।[7]

भय हृदय की गाँठ के समान है, और इन गाँठों को खोलने के लिए एक सच्चे, विशुद्ध, ईमानदार व दृढ़ संबन्ध की ज़रूरत है। यह बौद्धिक समझदारी का मामला बिलकुल नहीं है![4]

मैंने अपने बच्चों से नियमित रूप से सवाल-जवाब करने की आदत बना ली है। इस "साक्षात्कार" का मूल नियम यह है कि मैं सिर्फ़ सुनकर समझने का प्रयास करूँगा। यह नैतिकता सिखाने, उपदेश देने, शिक्षित करने या अनुशासन सिखाने का समय नहीं होता (इसके लिए दूसरा समय होता है) बल्कि यह तो सुनने, समझने व परानुभूति दिखाने का समय होता है। कभी-कभी मुझे इच्छा होती है कि मैं सलाह दूँ, शिक्षा दूँ, फैसला सुनाऊँ या सहानुभूति प्रदर्शित करूँ, लेकिन मैं भीतर से दृढ़प्रतिज्ञ हूँ कि इन विशेष मुलाकातों के दौरान मै सिर्फ़ समझने का प्रयास करूँगा।[4]

जिस कमरे में आप अभी हैं, यदि उससे पूरी हवा बाहर खींच ली जाए तो आपका क्या होगा? आप साँस लेने के सिवा और किसी चीज़ की परवाह नहीं करेंगे। जीवित रहना ही आपकी एकमात्र प्रेरणा होगी। लेकिन अब जब आपके पास हवा है, इससे आपको कोई प्रेरणा नहीं मिलती। यह मानवीय प्रेरणाओं के क्षेत्र में गहन अंतर्दृष्टि में से एक है : पूरी हो चुकी आवश्यकताएँ प्रेरित नहीं करती हैं। केवल वह आवश्यकता प्रेरित करती है जो पूरी नहीं हुई है। शारीरिक अस्तित्व के बाद एक व्यक्ति की सबसे बड़ी ज़रूरत है मनोवैज्ञानिक अस्तित्व - कि उसे समझा जाए, स्वीकार किया जाए उसका समर्थन किया जाए और उसकी सराहना की जाए। जब आप किसी व्यक्ति को परानुभूति से सुनते हैं, तो आप उसे मनोवैज्ञानिक हवा प्रदान करते हैं।[7]

यदि मुझसे आपसी संबन्धों के क्षेत्र में सीखे गए सर्वाधिक महत्त्वपूर्ण सिद्धांत का सार एक वाक्य में बताना हो, तो वह होगा : पहले समझने का प्रयास करें, फिर समझे जाने का।[7]

यदि आप किसी के साथ अपने संबन्धों को महत्त्व देते हैं, तो आप उसे सक्रियता, विचारशीलता व परानुभूति के साथ सुनेंगे। आप सतही रूप से नहीं सुनेंगे और न ही किसी मौके की तलाश में रहेंगे। आप परानुभूति प्रदर्शित करेंगे क्योंकि यह न केवल आपके लिए अति लाभकारी है, बल्कि इसलिए भी कि आप इसी तरह के व्यक्ति हैं।[5]

अधिकतर वादविवाद वास्तव में असहमतियाँ नहीं होते हैं, बल्कि अहंकार रूपी छोटी-मोटी लड़ाइयाँ एवं ग़लतफ़हमियाँ होते हैं।[4]

एक बार मेरा प्रेज़ेन्टेशन समाप्त होने के बाद मेरे एक साथी शिक्षक ने मुझे बताया कि उनके बेटे के साथ उनके संबन्ध ख़राब हैं। उन्होंने कहा, "मैं अपने बेटे को समझाता हूँ। मैं तो अपना जीवन जी चुका हूँ, और मैं अच्छी तरह जानता हूँ कि मेरे बेटे के साथ क्या समस्याएँ हैं। मैं भविष्य के उन ख़तरों को देख सकता हूँ जो मेरी सलाह न मानने पर उसे झेलने पड़ेंगे।"

मैंने उन्हें कहा, "मेरा आपको सुझाव है कि आप कल्पना करें कि आप अपने बेटे को नहीं समझते हैं। आप शुरूआत से शुरू करें और बिना किसी नैतिक मूल्यांकन के आधार पर, उसकी बातों को सुनें।"

उन्होंने कहा, "मैं इस बात में यक़ीन नहीं करता लेकिन फिर भी मैं कोशिश करूँगा।"

शाम को आठ बजे उनके बेटे ने कहा, "डैडी, मुझे लगता है आप मुझे बिल्कुल नहीं समझते हैं।" बाद में उन सज्जन ने मुझे बताया कि वे इस सब से गुज़रना नहीं चाहते थे, लेकिन उन्होंने ख़ुद से वादा किया था कि वे सुनेंगे। तो उन्होंने कहा, "ठीक है बेटा, मैं मान लेता हूँ कि मैं तुम्हें नहीं समझता। अब मुझे अपने बारे में कुछ बताओ।" वे साढ़े तीन घंटे तक बातचीत करते रहे।

बाद में उन्होंने मुझे कृतज्ञ होकर बताया कि उन्होंने कभी महसूस ही नहीं किया कि वे तो अपने बेटे को बिलकुल नहीं जानते थे, तथा उन्होंने उसे ख़ुद को कभी ज़ाहिर ही नहीं करने दिया। "मेरे

बेटे ने और मैंने एक-दूसरे को फिर से पा लिया है। अब हम फिर से दोस्त बन गए हैं।"[4]

अधिकतर लोग समझने के उद्देश्य से नहीं सुनते; वे जवाब देने की इच्छा से सुनते हैं। या तो वे बोल रहे होते हैं या बोलने की तैयारी कर रहे होते हैं। वे हर बात को अपने प्रतिमानों से तौलते हैं, अपनी आत्मकथा को दूसरों के जीवन में उतारने का प्रयास करते हैं।[7]

जो चीज़ एक व्यक्ति के लिए बहुत मायने रखती है, वह दूसरे के लिए मामूली हो सकती है। आप जब किसी उच्च प्राथमिकता वाले प्रोजेक्ट पर काम कर रहे हों तो आपका छह साल का बच्चा आकर किसी ऐसी बात से व्यवधान डाल सकता है जो आपके लिए तुच्छ हो, लेकिन उसके नज़रिए से बहुत महत्त्वपूर्ण हो।[7]

हमारे वार्तालाप सिर्फ़ हमारे द्वारा की गई बातों का संग्रह बन कर रह जाते हैं; हम यह कभी नहीं समझ पाते कि व्यक्ति के भीतर क्या चल रहा है।[7]

लोग भीतर से बहुत नाज़ुक, बहुत संवेदनशील होते हैं। मैं नहीं मानता कि उम्र या अनुभव से कोई ज़्यादा फ़र्क पड़ता है। बाहर से कठोर व निर्दयी दिखने वाले लोगों के हृदय में भी कोमल भावनाएँ व संवेदना होती है।[7]

लोगों का व्यवहार इस पर अधिक निर्भर करता है कि वे कैसा महसूस करते हैं, बजाय इसके कि वे कैसा सोचते हैं। जब तक लोगों के बीच अच्छी भावनाएँ नहीं होंगी, तब तक बुद्धिमानी भरे तर्क देना लगभग असंभव है।[4]

लोग वैसे ही बन जाते हैं जैसा आप उनसे व्यहार करते हैं अथवा जैसा आप मानते हैं कि वे हैं।[21]

विद्रोह हृदय की गाँठ है, बुद्धि की नहीं।[7]

पहले समझने का प्रयास करें, फिर समझे जाने का।[7]

सुनहरा नियम कहता है "दूसरों के साथ वैसा ही व्यवहार करें जैसा आप दूसरों द्वारा स्वंय के साथ चाहते हैं। सतही तौर पर तो इसका अर्थ है कि हम दूसरों के लिए वही करें जो हम अपने लिए चाहते हैं। मेरे विचार से इसका अनिवार्य अर्थ यह है कि हम दूसरों को गहराई से समझें, जिस तरह हम चाहते हैं कि वे हमें समझें। और इस समझ के आधार पर ही हम उनके साथ व्यवहार करें।[7]

आप जितनी गहराई से दूसरों को समझेंगे, उतनी ही उनकी कद्र करेंगे, उतनी ही उनके प्रति श्रद्धा रखेंगे। दूसरे व्यक्ति की आत्मा को छूना किसी पवित्र स्थान पर जाने के समान है।[7]

जब लोग वास्तव में आहत हों और आप उन्हें समझने की इच्छा से सुनें, तो आप यह देखकर चकित रह जाएँगे कि वे कितनी जल्दी आपसे खुलते हैं। वे परत दर परत खुलना चाहते हैं - यह ऐसा ही है जैसे एक प्याज़ को छीलते हुए उसके मध्य भाग तक पहुँचना।[7]

जब माहौल में भावनाएँ उमड़ रही हों, तो किसी को शिक्षा देने का प्रयास आकलन या अस्वीकृति के रूप में देखा जाता है।[7]

जब हमें दूसरों के साथ व्यवहार में समस्याएँ आ रही हो, तो हम इससे जुड़े गहरे दर्द के प्रति सचेत रहते हैं - यह अक्सर तीव्र होता है और हम चाहते हैं कि यह चला जाए। तब हम इसके लक्षणों को कुछ तरीक़ों द्वारा ठीक करने का प्रयास करते हैं - जो हमारे व्यक्तित्व की क्षतिपूर्ति के लिए बैंड-एड की तरह हैं। लेकिन हम यह नहीं समझते कि यह तीव्र वेदना एक गहरी व गंभीर समस्या का मात्र विस्तार है।[7]

जब आपके दिमाग़ में कोई "सौदेबाज़ी" का विकल्प नहीं होता, तब आप ईमानदारी से कह सकते हैं, "मैं सभी का फ़ायदा चाहता हूँ। मैं

ख़ुद भी जीतना चाहता हूँ और तुम्हारी भी जीत चाहता हूँ। मैं स्वयं लाभ अर्जित कर तुम्हें दुखी नहीं करना चाहता, क्योंकि समय के साथ तुम्हारी आहत भावनाएँ सामने आ जाएँगी। वहीं दूसरी तरफ़, मैं नहीं सोचता कि मेरी क़ीमत पर सफलता पाकर तुम्हें अच्छा लगेगा। तो चलो हम दोनों ही जीत हासिल करें। मिलकर समस्या को सुलझा लें। और यदि हम ऐसा नहीं कर सकते, तो हम आपसी सहमति से कोई सौदा नहीं करेंगे। सौदा नहीं करना ही बेहतर है बजाय इसके कि हम दोनों ग़लत निर्णय पर पछताएँ। तब शायद फिर कभी हम साथ मिलकर काम कर सकें।"[7]

शब्द ऊँचाई से फेंके गए अंडों की तरह होते हैं। आप इन दोनों को फिर वापस नहीं ले सकते और बस उनके द्वारा की गई अस्त-व्यस्तता को देख भर सकते हैं।[21]

आप लोगों के साथ कार्यक्षमता को जोड़ कर नहीं सोच सकते। आप लोगों के साथ प्रभावशीलता और चीज़ों के साथ कार्यक्षमता को जोड़ कर देख सकते हैं।[7]

एक बार एक पिता ने मुझसे कहा, "मैं अपने बेटे को समझ नहीं पा रहा हूँ। वह मेरा कहा मानता ही नहीं है।"

मैंने कहा, "आपने जो कहा मैं उसे दोहराता हूँ। आप अपने बेटे को समझ नहीं पाते क्योंकि वह आपका कहा नहीं मानता?"

"यह सही है," उन्होंने जवाब दिया।

मैंने कहा, "मैं एक बार फिर कोशिश करता हूँ। आप अपने बेटे को समझ नहीं पाते क्योंकि वह आपका कहा नहीं मानता?"

"हाँ मैंने यही तो कहा था," उन्होंने अधीर होकर जवाब दिया।

"मैं सोचता हूँ कि किसी व्यक्ति को समझने के लिए आपको उसे सुनने की ज़रूरत होती है," मैंने सुझाव दिया।

"ओह!" उन्होंने कहा। वे कुछ समय तक सोचते रहे। "ओह!" उन्होंने फिर कहा, और रोशनी नज़र आने लगी।[7]

अखंडता का सिद्धांत

एक बार जब मैं कैनेडा में एक होटल के बाहर टैक्सी में बैठ रहा था, तो होटल कर्मचारी ने ड्राइवर से कहा, "डॉक्टर कवी को एअरपोर्ट ले जाओ।" ड्राइवर ने सोचा कि मैं एक चिकित्सक हूँ और अपनी शारीरिक तकनीफ़े मुझे बताने लगा। मैंने उसे समझाने की कोशिश की कि मैं उस तरह का डॉक्टर नहीं हूँ, लेकिन उसकी अंग्रेज़ी कमज़ोर थी और उसने मेरी बात नहीं समझी। तो मैं उसे सुनता रहा।

उसने मुझे अपनी तकलीफ़ो, दर्द व दृष्टि-दोष के बार में बताया। वह जितना बोलता, मैं उतना ही आश्वस्त होता जाता कि उसकी समस्याएँ उसके दोषी अंतःकरण के कारण हैं। उसने शिकायत की कि किराया पाने के लिए उसे झूठ और छल का सहारा लेना पड़ता है। "मैं नियमों का पालन क्यों करूँ... मुझे पता है किराया कैसे वसूलना है।" फिर वह थोड़ा सामान्य हुआ। "लेकिन अगर पुलिस ने मुझे पकड़ लिया, तो मैं मुश्किल में फँस जाऊँगा। मेरा लाइसेंस रद्द हो जाएगा। आप इस बारे में क्या सोचते हैं, डॉक्टर ?"

मैंने उसे कहा, "क्या तुम नहीं मानते कि तुम्हारी सभी चिंताओं और दबावों की जड़ तुम्हारे स्वंय के प्रति ईमानदार न होने में है ? तुम भीतर से जानते हो कि तुम्हें क्या करना है।"

"लेकिन इस तरह मेरी आजीविका कैसे चलेगी!"

मैंने उसे बताया कि अपने प्रति ईमानदार रहने से मन की शांति और विवेक प्राप्त होते हैं। "छल मत करो। झूठ मत बोलो। चोरी मत करो। लोगों को सम्मान दो।"

"आपको लगता है इससे फ़ायदा होगा ?"

"मुझे मालूम है कि फ़ायदा होगा।"

जब मैं उसकी गाड़ी से उतरा, तो उससे मुझसे टिप लेने से मना कर दिया। उसने मुझे गले लगाया और बोला, "मैं ऐसा ही करूँगा, मैं अभी से बेहतर मेहसूस कर रहा हूँ।[2]

भीतर-बाहर का अर्थ है पहले स्वंय से शुरू करना; या मूल रूप से कहें, तो अपने सबसे अंदरूनी भाग से शुरू करना - अपने प्रतिमानों, अपने चरित्र और अपने उद्देश्यों के साथ। जब भी हम सोचते हैं समस्या तो "यहाँ है", बस ऐसा सोचना ही समस्या बन जाता है। हम बाहरी परिस्थितियों को स्वंय पर नियंत्रण करने की शक्ति प्रदान करते हैं। इसका उलटा प्रतिमान है - "बाहर-भीतर"- हमारे बदलने से पहले बाहरी परिस्थिति को बदलना होगा।[7]

दिखावटी जीवन एक दुष्कर कार्य है।[4]

चर्च जाने का आवश्यक रूप से यह अर्थ नहीं है कि वहाँ सिखाई गई बातों को जीवन में लागू किया जाता हो। आप धर्म में सक्रिय हुए बिना किसी चर्च में सक्रिय हो सकते हैं।[7]

चर्च में जाना व्यक्तिगत आध्यात्म का समानार्थी नहीं है। कुछ लोग चर्च के कार्यों व पूजा में इतने व्यस्त रहते हैं कि वे अपने आस-पास के लोगों की ज़रूरतों के प्रति असंवेदनशील हो जाते हैं,

और अनजाने में उन्हीं मान्यताओं के विरोधी बन जाते हैं जिनमें वे दृढ़ता से विश्वास करते हैं।[7]

लोगों की कमज़ोरियों को लेकर बहस न करें। अपने बचाव में बहस न करें। जब आप कोई ग़लती करते हैं तो उसे स्वीकारें, सुधारें और उससे सीखें- तुरंत।[7]

एक व्यक्ति अपने जन्म के समय से ही समाज के बनाए विभिन्न संस्थानों से गुज़रता है। हर स्तर पर उसका विश्लेषण या मूल्य-निर्धारण होता है। ये सभी आकलन सम्मिलित रूप से उस व्यक्ति को चिन्हित या परिभाषित करते हैं।[4]

निराशा हमारी अपेक्षाओं का परिणाम है, और हमारी अपेक्षाएँ अक्सर सामाजिक स्थितियों को प्रतिबिंबित करती हैं, न कि हमारे अपने मूल्यों अथवा प्राथमिकताओं को।[7]

ईमानदारी का अर्थ है सच बोलना - दूसरे शब्दों में, हम जो कहते हैं उसमें सच्चाई लाना। अखंडता अर्थात् हमारे शब्दों में सच्चाई लाना - दूसरे शब्दों में, वादे पूरे करना और अपेक्षाओं पर खरा उतरना। इसमें एक संपूर्ण चरित्र व स्वंय के तथा जीवन के साथ एकत्व की आवश्यकता होती है।[7]

नम्रता सभी सद्‌गुणों में सर्वश्रेष्ठ है क्योंकि इसी के द्वारा बाक़ी सभी सद्‌गुणों का विकास होता है।[21]

सभी लोगों के लिए सभी तरह का बनने के प्रयास में कोई व्यक्ति आख़िरकार किसी के लिए कुछ भी नहीं बन पाता – ख़ासकर स्वयं के लिए।[3]

आत्म-चेतना को विकसित करने के दौरान हम में से कई लोग उन बातों और गहराई तक बैठी आदतों को खोज पाते हैं, जो हमारे योग्य नहीं हैं, और उन चीज़ों में बिलकुल भी तर्कसंगत नहीं हैं जिन्हें हम जीवन में वास्तव में महत्त्व देते हैं।[7]

पिछले विश्लेषण पर ग़ौर करें तो पाएँगे कि हम जो वास्तव में हैं वह अधिक अर्थपूर्ण रूप से हमें प्रस्तुत करता है, न कि हम जो कहते या करते हैं।[7]

वफ़ादारी को अखंडता से बढ़कर नहीं होना चाहिए; देखा जाए तो सच्ची अखंडता ही वफ़ादारी है। आप चाहते हैं कि आपका डॉक्टर आपसे सच बोले, भले ही आप सच न सुनना चाहते हों।[8]

स्वंय से एक छोटा सा वादा करें और उसे निभाएँ; फिर ज़रा बड़ा वादा करें, फिर और बड़ा। आख़िरकार, आपकी सम्मान की भावना आपकी मनोदशा से बड़ी हो जाएगी; और जब ऐसा होगा, तो आप शक्ति का सच्चा स्त्रोत पा लेंगे – नैतिक सत्ता।[8]

कई लोग सोचते हैं कि सफलता के लिए हमको प्रतिभा, ऊर्जा व व्यक्तित्व की ही ज़रूरत होती है। लेकिन इतिहास ने हमें सिखाया है कि लम्बी अवधि में यह ज़्यादा महत्त्वपूर्ण होता है कि हम कौन हैं बजाय इसके कि हम क्या नज़र आते हैं।[8]

कई द्वितीय दर्जे की महानता वाले व्यक्ति, अर्थात् जिनकी प्रतिभा को सामाजिक मान्यता प्राप्त होती है, उनमें पहले दर्जे की महानता (अथार्त अच्छा चरित्र) नहीं होती। देर-सबेर आप उनकी यह विशेषता हर लंबी अवधि वाले संबन्धों में देख सकते हैं – चाहे वे व्यापारिक संबन्ध हो या उनका जीवन साथी, मित्र अथवा परेशानी से जूझ रहा कोई किशोर। वह चरित्र ही है जो सर्वाधिक अर्थपूर्ण ढंग से संप्रेषण करता है।[7]

कोई आश्चर्य नहीं कि बहुत से लोग चिंतित व भयभीत रहते हैं, तथा दिखावट भरे जीवन में दूसरों पर प्रभाव जमाने की कोशिश करते हैं। उनका जीवन बाहर के बदलते आवेगों से हिचकोले खाता रहता है, लेकिन वे अपने भीतर के स्थिर मूलभूत तत्व के भरोसे नहीं चल पाते।[4]

अखंडता को प्रत्यक्ष बनाने का एक महत्त्वपूर्ण उपाय है उन लोगों के प्रति वफ़ादार रहना जो सामने उपस्थिति न हों। इस प्रकार आप उन लोगों का विश्वास हासिल कर लेते हैं जो सामने उपस्थित हैं। जब आप अनुपस्थित लोगों की पैरवी करते हैं तो उपस्थित लोगों का विश्वास जीत लेते हैं।[7]

हमारा चरित्र मूलतः हमारी आदतों का मिश्रण है। क्योंकि वे आदतें अनुकूल हैं तथा बहुधा अचेतन प्रक्रियाएँ हैं, इसलिए वे लगातार, हर रोज़ हमारे चरित्र को व्यक्त करती हैं।

लोग बदलाव नहीं सह सकते यदि उनके भीतर एक न बदलने वाला तत्त्व न हो। बदलने की क्षमता इस बात में निहित है कि आप में वह न बदलने वाला भाव हो जो बताए कि आप कौन हैं, किसलिए हैं और आप किसे महत्त्व देते हैं।[7]

सिद्धांतवादी लोग अतिवादी नहीं होते – वे किसी बात की अति नहीं करते। वे हर चीज़ को अच्छी बुरी, या/अथवा में विभाजित नहीं करते। वे सतत प्रक्रिया, प्राथमिकता और अनुक्रम के आधार पर सोचते हैं।[3]

कोई व्यक्ति जितना अधिक इस बारे में सोचता है कि लोग उसके बारे में क्या साचते हैं, वह यह सोचने में अधिक समर्थ नहीं होता कि लोग उसके बारे में क्या सोचेंगे, क्योंकि वह इस बारे में अतिसंवेदनशील होता है।[3]

जिन समस्याओं का सामना हम इस दुनिया में, इस देश में, अपने परिवार में और व्यक्तिगत जीवन में करते हैं, उनकी जड़े अध्यात्म में हैं। किसी पेड़ की पत्तियों की तरह इन समस्याओं की अभिव्यक्ति सामाजिक, वित्तीय तथा राजनैतिक रूप में होती है। लेकिन इसकी जड़े नैतिक व अध्यात्मिक हैं। और ये पहले हर व्यक्ति में तथा फिर परिवार में फैलती हैं।[4]

असंतुष्ट व्यक्ति अक्सर पीछे रहकर दूसरों को जीवन जीते हुए देखता है। एक के बाद एक काल्पनिक भूमिकाओं को निभाने के बाद वह अपनी सही भूमिका ही भूल जाता है, और स्वंय को वैसा ही मानने लगता है जैसा दूसरे चाहते हैं।[4]

नैतकिता एक बार में ज़रा सी ही कम होती है, लेकिन बहुत हद तक।[4]

हम सामाजिक रूप से - अर्थात् एक उपलब्धिपूर्ण लक्ष्य - तब तक सफल नहीं हो सकते जब तक हम व्यक्तिगत रूप से सफल नहीं हो जाते।[4]

हमने पहचान चुराने के बारे में बहुत सुना है, जब कोई आपका बटुआ चुरा ले और आपकी पहचान अपना ले। लेकिन पहचान की अधिक गंभीर चोरी तो तब होती है जब आप दूसरों द्वारा दी गई आपकी परिभाषा में खो जाते हैं।[5]

जब हम अपनी कमीज़, स्वेटर, जूते या कपड़ों के ब्रांड से; किसी क्लब की सदस्यता से; अपने प्रभाव, शक्ति या प्रतिष्ठा से; अपनी सुदंरता, अच्छे पहनावे, फ़ैशनपरस्ती, बुद्धिमानी या डिग्रियों से अपनी शक्ति प्राप्त करते हैं, तो ऐसा अपनी निर्बलता और भीतरी खोखलेपन की भरपाई के लिए करते हैं। लेकिन इस तरह हम इन चीज़ों पर निर्भर हो जाते हैं, और प्रदर्शन तथा बाहरी मूल्यों के द्वारा अपने भीतर कमज़ोरी ले आते हैं।[4]

समझदारी अखंडता से उत्पन्न होती है – जो सिद्धांतों से जुड़ी रहती है। और अखंडता नम्रता तथा साहस से उत्पन्न होती है। आप कह सकते हैं कि नम्रता ही सभी सदगुणों की जननी है क्योंकि नम्रता स्वीकार करती है कि यह ब्रह्मांड कुछ प्राकृतिक नियमों व सिद्धांतों द्वारा संचालित होता है। वे ही प्रबंधक हैं। अंहकार हमें सिखाता है कि हम प्रबंधक हैं। नम्रता हमें सिद्धांतों पर चलना सिखाती है, क्योंकि वे ही हमारे कार्यों के परिणाम को संचालित करते हैं। यदि नम्रता माँ है, तो साहस समझदारी का पिता है। क्योंकि सामाजिक मान्यताओं व मूल्यों के विरूद्ध इन सिद्धांतों पर चलने में विराट साहस की ज़रूरत होती है।[8]

आप उस समस्या से बाहर आने की बात नहीं कर सकते जिसके भीतर जाने का मार्ग आपने ही चुना था।[7]

आपको अपनी उच्च प्राथमिकताओं को तय करना होगा और शांति से, मुस्कुराते हुए तथा बिना खेद जताए, दूसरी चीज़ों को "ना" कहने का साहस जुटाना होगा। और इसे करने का तरीक़ा यह है कि आपके भीतर एक विशाल "हाँ" की ज्वाला होनी चाहिए।[7]

आपकी समस्याओं की शुरूआत आपके हृदय से ही होती है।[4]

नेतृत्व का सिद्धांत

एक बार मैंने एक बड़े संगठन के उच्च अधिकारियों से मुलाक़ात की और उनसे उनका कॉर्पोरेट मिशन स्टेटमेंट दिखाने का आग्रह किया। उसमें लिखा था "शेयर धारकों की राशि बढ़ाएँ।"

मैंने उनसे पूछा, "क्या यहाँ सभी इससे प्रेरित हैं?"

उन्होंने मुस्कुराकर कहा, "एक और स्टेटमेंट है जिसे हम दीवारों पर लगाते हैं। लेकिन यह हम नेतृत्व करने वालों के लिए हैं।"

तो मैंने कहा, "क्यों न मैं आपको बता दूँ कि आपकी कॉर्पोरेट संस्कृति कैसी है। आप एक-दूसरे से कटे हुए हैं। यदि आपके उद्योग में यूनियनें बन जाएँ तो आप मज़दूरों के झगड़ों से परेशान रहेंगे। आप हिचक रहे हैं, जाँच रहे हैं और अपने कर्मचारियों को दंड का डर दिखाकर पुरस्कार दे रहे हैं। आपसी मतभेद, अंतर्विभागीय टकराव, छिपे हुए उद्देश्यों तथा राजनीतिक दाँव-पेंच में बहुत-सी नकारात्मक ऊर्जा की खपत होती है।"

मेरे भविष्य बताने की योग्यता से चकित होकर वे बोले, "आप इतना कुछ कैसे जानते हैं? आप हमारा वर्णन इतनी सटीकता से कर सकते हैं?"

मैंने कहा, "मुझे आपके उद्योग या आपके बारे में जानने की ज़रूरत नहीं है। मेरा तो मानव-प्रकृति के बारे में जानना ही बहुत है।"[8]

अपने कर्मचारियों के साथ हमेशा वैसा ही व्यवहार करें, जिस तरह का व्यवहार आप उनके द्वारा अपने सबसे मूल्यवान ग्राहकों के लिए चाहते हैं।[7]

क्या लीडर पैदा होते हैं या बनाए जाते हैं? यह विभाजन की धारणा ग़लत है - लीडर न तो पैदा होते हैं और न ही बनाए जाते हैं। लीडर तो लीडर बनने का चुनाव करते हैं।[8]

सांस्कृतिक नैतिक सत्ता का संस्थागत या आदर्शवादी नैतिक सत्ता की तुलना में हमेशा धीमा विकास होता है।[8]

प्रभावशाली नेतृत्व का मतलब है ज़रूरी चीज़ों को पहले करना। प्रभावशाली नेतृत्व का मतलब है अनुशासन और उसका क्रियान्वयन।[7]

मैं नेतृत्व को सी ई ओ बन जाने के रूप में परिभाषित नहीं करता हूँ। एक सी ई ओ के लीडर बनने की संभावना अन्य लोगों से ज़्यादा नहीं होती। मैं बात कर रहा हूँ आपके अपने जीवन में नेतृत्व की, आपके मित्रों के बीच नेतृत्व की, आपके परिवार में नेतृत्व की।[5]

अगर आप अच्छे लोगों को ख़राब तंत्र में रखते हैं, तो परिणाम बुरे ही होंगे। अगर आप किसी पौधे के फूल खिलते देखना चाहते हैं तो सिंचाई करनी होगी।[7]

औद्योगिक युग में नेतृत्व एक पद के समान था। ज्ञान के युग में नेतृत्व एक चुनाव है।[13]

लक्ष्य के लिए समर्पित लीडर के लिए यह आसान है कि वह चीज़ों को भली-भाँति सँभाले और इस प्रक्रिया में उठने वाली भावनाओं तथा बनाए गए संबन्धों को अनजाने में ही अनदेखा कर दे।

लीडरों को अक्सर नेतृत्ववाद के नए "नियमों" की तेज़ हवाओं का सामना करना पड़ता है। उन्हें अपने काम में अधिक लोकतांत्रिक होना चाहिए अथवा स्वेच्छाचारी? दृढ़ अथवा अधिक कृपालु? आदेशात्मक अथवा जिज्ञासु? लोगों से काम लेने की सर्वोत्तम तकनीकें कौन सी हैं? ये सवाल महत्त्वपूर्ण हैं और ध्यान में रखने चाहिए, लेकिन ये द्वितीय स्तर के सवाल हैं। प्राथमिक सवाल है: आप चीज़ों के बारे में कितनी परवाह करते हैं?[4]

जो लीडर लोगों में सिर्फ़ इसलिए रूचि लेते हैं क्योंकि उन्हें ऐसा करना चाहिए, वे अनुचित और असफल होते हैं। वे अनुचित कर रहे होते हैं क्योंकि लोगों के लिए सम्मान अपने आप में पूर्ण होता है। वे असफल होंगे क्योंकि उनकी मंशा सबके आगे ज़ाहिर हो जाएगी।

नेतृत्व एक चुनाव है जो प्रोत्साहन और प्रतिक्रिया के बीच कहीं होता है।[8]

नेतृत्व सबसे बड़ी कला है, क्योंकि वह अन्य सभी कलाओं व रोज़गार को कार्य करने हेतु सक्षम बनाता है।[8]

प्रबंधन व्यवस्था के अंतर्गत काम करता है; नेतृत्व व्यवस्था पर काम करता है।[1]

जब लोग ईमानदारी व अर्थपूर्ण तरीक़े से किसी कार्य में संलग्न होते हैं, तभी वे अपना सर्वोत्तम प्रयास कर रहे होते हैं।[4]

इस बदलती दुनिया में... हम क्षमता को प्रभावशीलता, स्वार्थपरायणता को प्राथमिकता, अनुकरण को नवाचार, बनावट को चरित्र, और ढोंग को योग्यता मानने की भूल कर बैठते हैं।[3]

कुछ लीडर "मशरूम प्रबंधन" में विश्वास करते हैं, अर्थात् वे मशरूम की तरह कर्मचारियों को अँधेरे में रखते हैं, उनके ऊपर कूड़े का ढेर उलटते हैं, और जब वे पूरी तरह पक जाते हैं तो उनका सिर काटकर डिब्बे में बंद कर देते हैं। ऐसे लीडर अपने कर्मचारियों को कोई महत्त्व नहीं देते और उनका ग़लत इस्तेमाल करते हैं।[3]

आज नेतृत्व की समस्या यह है कि प्रबंधक जानकारी के युग वाले कर्मचारियों पर अब भी औद्योगिक युग वाले तरीक़े आज़मा रहे हैं। वे अपने कर्मचारियों की सर्वोच्च प्रेरणा, प्रतिभा एवं योग्यता का लाभ नहीं ले पाते।[8]

हमारी लेखा व्यवस्था का मनोविज्ञान मूर्खता भरा है। लोगों को एक व्यय के रूप में देखा जाता है और वस्तुओं को निवेश के रूप में, जबकि सच्चाई इसके विपरीप होती है।[14]

नेतृत्व का मतलब है कि लोगों को उनका मूल्य और क्षमता इतनी स्पष्टता से बताना कि वे उन्हें स्वंय में देखने लगें।[9]

मौखिक, तार्किक व विश्लेषणात्मक कार्य अक्सर दिमाग़ के बायें हिस्से द्वारा संचालित होते हैं; जबकि अंतर्ज्ञान तथा भावनात्मक व रचनात्मक कार्य दायें हिस्से द्वारा। मेरा सुझाव है : बायें हिस्से द्वारा प्रबंधन करें और दायें हिस्से द्वारा नेतृत्व।[3]

जब माता-पिता अपने बच्चों की समस्याओं को संबन्ध बेहतर बनाने के मौके के रूप में देखते हैं, न कि नकारात्मक, बोझिल व उत्तेजित रूप में, तो माता-पिता व बच्चों के बीच व्यवहार की प्रकृति ही बदल जाती है। जब उनका बच्चा उनके पास समस्या लेकर आता है तो बजाय यह सोचने के कि "ओह, नहीं! एक और समस्या नहीं!", उनका रवैया होता है, "मेरे पास एक बड़ा मौका है कि मैं अपने बच्चे की सहायता कर हमारे संबन्ध में निवेश करूँ।"[7]

हालाँकि हममें से कई माता-पिता की ज़िम्मेदारी के महत्त्व पर दिखावटी प्रेम जताते हैं, लेकिन अक्सर हम अपनी अधिकतर ऊर्जा,

उत्साह, समय और वफ़ादारी अपने रोज़गार/व्यवसाय को देते हैं। अपने कार्य के लिए हम ध्यानपूर्वक बनाई गई योजना, सर्वोत्तम व्यवस्था, ध्यानपूर्वक रखे गए रिकॉर्ड और समस्याओं के विश्लेषण पर समय लगाएँगे; लेकिन अपने बच्चों के चरित्र निर्माण को लेकर हम न तो कोई विश्लेषण या योजना या रिकार्ड रखते हैं, और न ही कोई कारगर तंत्र बनाते हैं।[4]

आप किसी व्यक्ति का हुनर तो ख़रीद सकते हैं, लेकिन उसकी भावनाएँ नहीं। उसकी भावनाएँ वहीं होती हैं जहाँ उसका उत्साह, उसकी वफ़ादारी होती है। आप उसकी होशियारी ख़रीद सकते हैं, लेकिन उसकी बुद्धि नहीं। उसकी रचनात्मकता, प्रवीणता और साधनसंपन्नता इन्हीं बातों में है।[7]

आप जड़ों में बदलाव लाए बिना फल में बदलाव नहीं ला बदल सकते।[7]

आप नेतृत्व और प्रबंधन के बीच के महत्त्वपूर्ण फ़र्क को तुरंत पकड़ सकते हैं, यदि आप उत्पादकों के एक समूह की कल्पना कर पाएँ जो बड़े छुरे से जंगल में अपना रास्ता साफ़ करते हुए आगे बढ़ते हैं। वे उत्पादक हैं, वे समस्या सुलझाने वाले हैं। वे समस्याओं से जूझते हुए आगे बढ़ते हैं।

प्रबंधक उनके पीछे रहकर सहयोग देते हैं, उनके छुरे की धार तेज़ करते हैं, नीति व प्रक्रिया की नियमावली लिखते हैं, क्षमतावर्धक

कार्यक्रम आयोजित करते हैं, उन्नत तकनीकें अपनाते हैं, कार्यों को सूचीबद्ध करते हैं तथा क्षतिपूर्ति कार्यक्रम तैयार करते हैं।

लीडर वह होता है जो सबसे ऊँचे पेड़ पर चढ़कर सारी स्थिति का जायज़ा लेकर कहता है, "यह ग़लत जंगल है!" लेकिन व्यस्त व सक्षम उत्पादक और प्रबंधक अक्सर क्या कहते हैं? "चुप रहो! हम प्रगति कर रहे हैं।"[7]

सीखने का सिद्धांत

भारतीय प्रबंधन संस्थान, अहमदाबाद के विद्यार्थी साल में दो बार आठ से दस दिनों के लिए तीर्थयात्रा पर जाते हैं। इस शोध यात्रा, या "पद यात्रा" के दौरान वे तीसरे विकल्प की तलाश करते हैं - वह नया विचार, वह सृजन जो भारत के सुदूर गाँवों की ज़रूरत से जन्मा हो। ये शोधयात्री छोटे-से सकारात्मक पहलू से आकर्षित होते हैं। यदि वे कोई असाधारण कार्य या किसी किसान अथवा दुकानदार द्वारा आविष्कार किया हुआ कोई यंत्र देखते हैं, तो वे उसे हनी बी नाम के नेटवर्क के ज़रिए प्रचारित करते हैं, जो नवाचार को समर्पित एक राष्ट्रीय संस्थान है।

शोधयात्री प्राकृतिक उपचारों, छोटी मोटरों के विचित्र प्रयोग (जैसे एक पुराने सोनी वॉकमैन द्वारा पंखे का चलना), और खाना पकाने की स्थानीय विधियों को रिकार्ड करते हैं। उनका सामना विचित्र घटनाओं से भी होता है, जैसे एक बालक जो तीन सौ से भी अधिक किस्मों के स्थानीय पौधों के नाम व प्रयोग बता सकता है। अक्सर वे उन नए विचारों को भी जान पाते हैं जो ग़रीबों का जीवन बदल सकते हैं। एक ऐसी ही खोज थी मनसुख प्रजापति का "मिट्टी कूल" फ्रिज, जो उम्दा किस्म की मिट्टी के आयताकार पात्र का बना होता है और जिसमें विद्युत की खपत नहीं होती; वे हज़ारों की संख्या में इस्तेमाल हो रहे हैं। उन्होंने मोटर-साइकिल द्वारा चलने वाला हल भी ईजाद किया है, और एक ऐसा मिट्टी का नॉन-स्टिक पैन तैयार किया है जो टेफ़लॉन पैन जैसा ही काम करता है तथा जिसका मूल्य मात्र एक डॉलर है।

नारियल के पेड़ पर चढ़ने के साधन का आविष्कार करने वाला व्यक्ति आज अंतर्राष्ट्रीय स्तर पर उसकी बिक्री कर रहा है। एक्ज़िमा नामक रोग के लिए जड़ी-बूटी से निर्मित क्रीम एक गाँव

से निकलकर पूरी दुनिया में लोकप्रिय हो गई। एक अन्य व्यक्ति ने जल और थल पर चलने वाली साइकिल का आविष्कार इसलिए किया कि वह नदी पार कर अपनी प्रेमिका से मिलने जा सके। वह कहता है, "मैं नाव का इंतज़ार नहीं कर सकता। अपनी प्रेमिका से मिलने की तीव्र इच्छा ने मुझे एक आविष्कारक बना दिया। प्रेम को भी प्रौद्योगिकी की ज़रूरत पड़ती है।"[5]

किसी ग़लती पर क्रियाशील रवैया रखने का अर्थ है उसे तुरंत स्वीकार करते हुए सुधारना और सबक़ लेना। इस प्रकार पराजय को भी जीत में बदला जा सकता है।[7]

अपनी अनभिज्ञता की स्वीकारोक्ति हमारी शिक्षा की दिशा में अक्सर हमारा पहला क़दम होता है।[7]

वैज्ञानिक प्रयास के क्षेत्र में तकरीबन हर बड़ी सफलता पुरानी परंपराओं, सोच के पुराने तरीक़ों व पुराने प्रतिमानों को तोड़कर हासिल होती है।[7]

अपने अंतःकरण को शिक्षित करें व उसका कहा मानें। जों साहित्य आपको सर्वाधिक प्रेरणा देता है उसे पढ़कर अपने अंतःकरण को प्रेरित करें। फिर उसका कहा मानें। जैसे-जैसे आप उसके कहे का

पालन करेंगे, आप ज़्यादा शिक्षित होते जाएँगे। ज़्यादा से ज़्यादा प्रकाश आएगा।[21]

मन को शिक्षित करने के लिए हृदय को शिक्षित करना परम आवश्यक है।[1]

मैं मानता हूँ कि स्वयं को शिक्षित करने के लिए एक व्यवस्था आवश्यक है। इसके लिए औपचारिक क्लास या कोर्स करना ज़रूरी नहीं है। एक अनौपचारिक चर्चा-समूह अथवा सोच-विचारकर बनाया गया पाठ्य कार्यक्रम पर्याप्त है। लेकिन यदि कोई व्यवस्था या बाहरी अनुशासन न हो, तो अधिकतर वयस्क एक अच्छी शुरूआत करने के बाद अपना प्रयास छोड़कर पुराने तरीक़ों की ओर लौट जाते हैं।[4]

यदि हम अपने बच्चों को नहीं सिखाएँगे, तो समाज सिखाएगा। तब वे - और हम - केवल परिणामों के साथ रहने को बाध्य होंगे।[6]

अगर आप अपने पारिवारिक जीवन को इस तरह व्यवस्थित कर लें कि हर सुबह दस या पंद्रह मिनट समय द्वारा परखे सिद्धांतों को पढ़ सकें, तो गारंटी के साथ आप पूरे दिन बेहतर चीज़ों/तरीक़ों का चुनाव करेंगे - चाहे परिवार हो, नौकरी हो अथवा जीवन के अन्य आयाम। आप उच्च विचार रखेंगे। आपका व्यवहार अधिक संतोषजनक होगा। आपका परिदृश्य अधिक व्यापक होगा। आपके

साथ जो घटित होता है और उस पर आपकी प्रतिक्रिया के बीच का फ़ासला बढ़ जाएगा। आप उन चीज़ों के साथ ज़्यादा जुड़ेंगे जो आपके लिए ज़्यादा महत्त्व रखती हैं।[6]

शिक्षा का वास्तविक मूल्य आर्थिक या पेशे से सम्बन्धित नहीं है। यह तो व्यक्तिगत, अध्यात्मिक व चरित्र-निर्माण से जुड़ा है। आप एक बेहतर पति व पिता, पत्नी व माँ, और नागरिक बन सकते हैं। आप विश्लेषणात्मक व रचनात्मक रूप से सोचना सीखते हैं। आप स्पष्टता तथा विश्वसनीयता के साथ लिखना व संपर्क करना सीखते हैं। आप सीखते हैं कि क्या पढ़ने योग्य है और क्या नहीं। आप जीवन व समस्याओं के प्रति सोच का तरीक़ा विकसित करते हैं। आपका मूलभूत ज्ञान गहरा तथा विस्तृत होता है, आपका स्तर ऊँचा होता है। आपकी सहानुभूति व प्रशंसा व्यक्त करने की क्षमता बढ़ जाती है। हर तरह से आप एक संपूर्ण, अधिक संगठित, अधिक सामर्थ्यवान और बुद्धिमान मनुष्य बन जाएँगे।[4]

जानना और उसे न करना वास्तव में न जानने के बराबर है।[7]

सच्चा ज्ञान ही अस्तित्व में होने की स्थिति है।[4]

जब अमेरिका के राष्ट्रपति ने मुझसे पूछा कि हमारे देश में शिक्षा को बेहतर बनाने हेतु क्या करना चाहिए, तो मैंने कहा, "बच्चों को

शिक्षित करने में विद्यालयों व अभिभावकों की भागीदारी सुनिश्चित हो, जिसमें चरित्र-बल व 21वीं सदी में सफल होने के लिए ज़रूरी योग्यताएँ शामिल हैं।"[15]

प्रेम
का
सिद्धांत

एक बार किसी व्यक्ति ने मुझे एक कोने में ले जाकर कहा, "मेरी पत्नी और मेरे बीच अब पहले जैसी भावनाएँ नहीं रहीं। शायद अब मैं उसे प्रेम नहीं करता और न ही वह मुझसे। मैं क्या करूँ?"

"अब पहले वाली भावना नहीं रही?" मैंने पूछा।

"सही कहा," उसने हामी भरी। "और हमारे तीन बच्चे हैं जिनके बारे में हम चिंतित हैं। आप क्या सुझाव देंगे?"

"उसे प्रेम करो," मैंने कहा।

"आप समझ नहीं रहे हैं। प्रेम की भावना अब नहीं रही।"

"तो उसे प्रेम करो। यदि भावना नहीं है तो प्रेम करने का यह एक अच्छा कारण है।"

"लेकिन यदि कोई प्यार नहीं करता तो कैसे करे?"

मेरे दोस्त, प्रेम एक क्रिया है। प्रेम की भावना ही प्रेम का फल है, क्रिया है। तो उसे प्रेम करो। उसकी सेवा करो। त्याग करो। उसकी बात सुनो। परानुभूति रखो। प्रशंसा करो। उसे दृढ़ बनाओ। क्या तुम यह सब करने के लिए तैयार हो?"[7]

आप किसी एक के साथ जैसा व्यवहार करते हैं वह दर्शाता है कि आप कइयों के साथ कैसे पेश आते हैं, क्योंकि आख़िरकार सभी एक ही हैं।[7]

मेरे एक मित्र के बेटे की रूचि बेसबॉल में हो गई, जबकि मेरे मित्र की रूचि इस खेल में बिलकुल नहीं थी। लेकिन एक बार गर्मियों में वह अपने बेटे को हर प्रमुख लीग टीम का एक मैच दिखाने ले गया। इस यात्रा में छह हफ़्तों से ज़्यादा का समय लगा व एक बड़ी राशि ख़र्च हुई, लेकिन इस अनुभव से उनके संबन्ध बहुत मज़बूत हो गए। वापस आने पर मेरे मित्र से पूछा गया, "क्या आपको बेसबॉल इतना पसंद है?" उसने कहा, "नहीं, लेकिन मुझे अपना बेटा बहुत पसंद है।"[7]

यदि मैं आपके साथ भावनाओं का बैंक खाता बनाऊँ और उसमें शिष्टाचार, दयालुता, ईमानदारी व अपने वादों को निभाने की रकम जमा करूँ, तो मैं एक बड़ी निधि संचित कर लूँगा। मुझमें आपका विश्वास और गहरा हो जाएगा, और उस विश्वास के आधार पर ज़रूरत पड़ने पर मैं कुछ बातें आपसे कह सकता हूँ। मैं ग़लती भी कर सकता हूँ, लेकिन वह विश्वास और वह भावनात्मक निधि उस ग़लती की भरपाई कर देगी। हो सकता है मेरा संप्रेषण स्पष्ट न हो, लेकिन फिर भी आप मेरा आशय समझ लेंगे। आप मुझे "ग़लत बात कहने वाला" नहीं समझेंगे। जब विश्वास बहुत गहरा होता है तो संपर्क आसान, त्वरित व प्रभावशाली होता है।[7]

यदि माता-पिता प्रेम के नियमों का पालन करें, तो वे जीवन के नियमों के पालन को प्रोत्साहित करते हैं।

यदि आप एक अधिक प्रसन्न व सहयोगी किशोरवय पुत्र/पुत्री चाहते हैं, तो अधिक समझदार, परानुभूतिपूर्ण, अनुकूल व प्रेम करने वाले माता-पिता बनिए।[7]

संबन्धों में छोटी-छोटी चीज़ें ही वास्तव में बड़ी होती हैं।[7]

महत्त्वाकांक्षी व्यक्ति अपने विषय में ही सोचता है। वह अपने बच्चों को भी अपनी संपत्ति मानता है और अक्सर उनसे ऐसे व्यवहार की आशा करता है जो उसे प्रसिद्धी दिलाए तथा दूसरों की नज़रों में ऊँचा उठाए। इस तरह का बंधनकारी प्रेम विध्वंसक होता है।[4]

प्रेम के नियम अर्थात् अनिवार्य रूप से लोगों को उसी रूप में स्वीकार करना जैसे वे हैं, उन्हें समझ के साथ सुनना, उनकी भावनाओं का सम्मान करना, और धैर्य व ध्यानपूवर्क रिश्तों को खड़ा करना।[4]

टॉमस वूल्फ़ ग़लत था : आप दोबारा घर लौट सकते हैं - यदि आपका घर बहुमूल्य रिश्तों और भाईचारे से बना है।[7]

क्षमता
का
सिद्धांत

1988 की गर्मियों में येलोस्टोन नेशनल पार्क में आग लग गई। शुरूआत में तो किसी को चिंता नहीं हुई; येलोस्टोन के जंगल में आग लगना आम बात है और अक्सर आग अपने आप बुझ जाती है। लेकिन यह मामला अलग था। सूखा, हवाएँ तथा पुराने पेड़ों व सूखी घास ने ईंधन बनकर आग का एक तूफ़ान खड़ा कर दिया। गर्मियों के अंत तक दस लाख एकड़ से अधिक जंगल जल चुका था और ऐसा लग रहा था कि येलोस्टोन का बेहतरीन राष्ट्रीय उद्यान हमेशा के लिए नष्ट हो गया हो।

लेकिन ऐसा नहीं था। साल भर के भीतर ही, देवदार की कोपलों ने काली पड़ चुकी ज़मीन को ढक दिया। और आज - बस दो ही दशकों के बाद - नए जंगल उग आए हैं। यह पता चला है कि सिर्फ़ आग की गर्मी पाकर ही येलोस्टोन के प्रसिद्ध देवदार वृक्ष दोबारा अँकुरित हो पाते हैं। तो एक प्राकृतिक क्रम के तहत, आग ने उद्यान को बर्बाद नहीं किया; बल्कि उसे नया बना दिया।

21वीं सदी की अर्थव्यवस्था सभी के लिए परेशानी बन गई है। ऐसा लगता है कि मुश्किल समय ख़त्म ही नहीं होगा। जानकारी आधारित अर्थव्यवस्था द्वारा लाए बदलाव ने बहुत से लोगों को इतना प्रभावित कर दिया है कि उन्हें दोबारा व्यवस्थित होने में भारी मुश्किल आ रही है। कुछ लोग सिर्फ़ बर्बादी ही देखते हैं, जैसे - येलोस्टोन की आग की तरह - भविष्य राख हो जाएगा। वे लाखों नौकरियों को ग़ायब होते हुए, उद्योगों को ख़त्म होते हुए और अर्थव्यवस्था की ज़मीन को बंजर होते हुए देखते हैं।

वहीं दूसरों के लिए, यह ज़मीन इतनी हरी कभी नहीं रही। नयी शताब्दी की अस्थिर व बोझ तले दबी अर्थव्यवस्था उन उद्योगों में ऐसे अवसरों का निर्माण कर रही है, जो कुछ साल पहले अस्तित्व

में ही नहीं थे। जो चीज़ कुछ लोगों के लिए बर्बादी दिखाई देती है, वही दूसरों के लिए पुनरूत्थान का स्त्रोत है। क्या दुनिया की समस्याएँ समाप्त हो गई हैं? क्या दुनिया को आज भी ऊर्जावान, बुद्धिमान लोगों की काम के लिए ज़रूरत है? बिल्कुल है।[2]

मैं अपनी शिकायतों, अपने परिस्थिति, अपनी मान्यताओं, अपनी टीम, अपनी कंपनी या अपने दल से अधिक कुछ हूँ। मैं अपने अतीत का शिकार नहीं हूँ। मैं एक संपूर्ण व्यक्ति हूँ, मैं एक अनुपम व्यक्ति हूँ जो अपने भाग्य का निर्माण करने में सक्षम है।[5]

व्यक्तिगत रूप से मेरा मानना है कि एक अकेला व्यक्ति बदलाव का उत्प्रेरक हो सकता है, किसी भी परिस्थिति या किसी भी संगठन का “परिवर्तक”। ऐसा व्यक्ति ख़मीर के समान हैं जो पूरी डबलरोटी को प्रभावित करता है। एक बदलावकारी लीडर बनने के लिए भविष्य-दृष्टि, शुरूआत, धैर्य, सम्मान, दृढ़ता, साहस और विश्वास की ज़रूरत होती है।[3]

मैं अक्सर बड़ी संख्या में मौजूद श्रोताओं से पूछता हूँ, “आप में से कितने लोग मानते हैं कि आपके संगठन में कार्यरत ज्यादातर लोग अपने वर्तमान पेशे की ज़रूरत के मुकाबले कहीं अधिक प्रतिभा, बुद्धिमत्ता, क्षमता व रचनात्मकता रखते हैं?” और भारी संख्या में लोग अपने हाथ ऊपर कर देते हैं।[8]

किसी संगठन के कर्मचारियों के मनोभाव, प्रतिभा और बुद्धिमानी को पूरी तरह लागू न किए जाने पर होने वाले व्यक्तिगत व संगठनात्मक मूल्य की कल्पना कीजिए। यह सभी तरह के करों, ब्याज शुल्क और मज़दूरी के मूल्य से भी कहीं अधिक होता है![8]

हमारी सर्वाधिक महत्त्वपूर्ण वित्तीय संपत्ति है हमारी कमाई करने की क्षमता।[7]

8वी आदत है अपने भीतर की आवाज़ को पहचानना और दूसरों को उसे पहचानने के लिए प्रेरित करना।[8]

हर व्यक्ति जीवन में दो में से एक रास्ते का चुनाव करता है - चाहे वृद्ध हो अथवा युवा, अमीर अथवा ग़रीब, पुरूष अथवा स्त्री। पहला है औसत जीवन की ओर जाने वाला चौड़ा और अधिक इस्तेमाल होने वाला रास्ता, तथा दूसरा है महानता और सार्थकता का रास्ता।[8]

आपके मन की आवाज़ वहीं होती है जहाँ आपकी प्रतिभा, मनोभाव, ज़रूरत और अंतर्मन का मिलन होता है। जब आप ऐसे कार्य में संलग्न होते हैं जिसमें आपकी प्रतिभा का दोहन व मनोभाव को ऊर्जा मिले - ऐसा मनोभाव जो आपकी ज़रूरत से उपजा हो और अंतर्मन जिसे प्राप्त करना चाह रहा हो - वहीं आपके मन की आवाज़, आपकी पुकार, आपकी आत्मा की तृप्ति है।[8]

हमें आत्म-बोध है। इसका अर्थ यह है कि हम मानसिक रूप से स्वंय के बाहर खड़े होकर अपनी मान्यताओं व कर्मों का विश्लेषण कर सकते हैं। हम उस बारे में सोच सकते हैं जो हम सोचते हैं।[5]

आत्म-अनुशासन
का
सिद्धांत

एक रोज़ मैं जिम में अपने एक मित्र के साथ कसरत कर रहा था जो एक्सरसाइज़ फ़िज़ियोलॉजी में पी एच डी है। वह अपनी शक्ति बढ़ाने पर ध्यान दे रहा था। उसने मुझे कहा कि मैं उसे बेंच प्रेस करते हुए देखूँ और एक निश्चित समय पर उससे वज़न लेने के लिए तैयार रहूँ। "लेकिन जब तक मैं न कहूँ मुझसे वज़न मत लेना," उसने दृढ़ता से कहा।

तो मैं उसे देखता रहा और वज़न लेने के लिए तैयार हो गया। वह वज़न को ऊपर नीचे करता रहा और मैं देख पा रहा था कि अब उसके लिए यह मुश्किल हो रहा था। लेकिन उसने जारी रखा। वह जैसे ही वज़न को ऊपर उठाना शुरू करता तो मैं सोचता, "इस बार वह नहीं कर पाएगा।" लेकिन वह कर लेता, फिर धीरे से वज़न नीचे लाता और दोबारा ऊपर उठाता। ऊपर नीचे, ऊपर नीचे।

जब मैंने कठोर प्रयास से तने उसके चेहरे को देखा, तो लगा जैसे उसकी रक्त वाहिकाएँ त्वचा से बाहर निकल आएँगी। मैंने सोचा, "यह वज़न उसकी छाती पर गिरकर उसे क्षतिग्रस्त कर देगा। शायद अब मुझे उसका वज़न ले लेना चाहिए। शायद वह नियंत्रण खो चुका है और नहीं जानता कि वह क्या कर रहा है।" लेकिन वह वज़न ठीक से नीचे ले आता और फिर उसे ऊपर उठाता। मुझे यक़ीन नहीं हो रहा था।

आख़िरकार जब उसने मुझे वज़न लेने के लिए कहा तो मैंने पूछा, "तुमने इतना इंतज़ार क्यों किया?"

"व्यायाम का पूरा लाभ आख़िर में ही मिलता है स्टीफ़न," उसने कहा। मैं अपना बल बढ़ाने की कोशिश कर रहा हूँ। और यह तब तक नहीं होता जब तक माँसपेशी के तंतु टूट नहीं जाते और

स्नायु तंतु दर्द को महसूस नहीं करते। फिर प्रकृति इसकी भरपाई करती है और अड़तालीस घंटों में तंतु मज़बूत बन जाते हैं।

यही सिद्धांत भावनात्मक माँसपेशियों पर भी काम करता है, जैसे कि धैर्य। जब आप अपने धैर्य का इस्तेमाल विगत सीमाओं के पार जाकर करते हैं, तो भावनात्मक तंतु टूटते हैं, प्रकृति भरपाई करती है, और अगली बार तंतु मज़बूत बन जाते हैं।[7]

अनुशासन अनुयायी से उत्पन्न होता है - दर्शन का अनुयायी, सिद्धांतो का अनुयायी, मूल्यों का अनुयायी, बड़े उद्देश्य का अनुयायी, उच्च कोटि के लक्ष्य का अनुयायी या फिर वह व्यक्ति जो उस लक्ष्य का प्रतिनिधित्व करता है।[7]

मैं हर सुबह एक ऐसी जीत का प्रयास करता हूँ जिसे मैं "व्यक्तिगत विजय" कहता हूँ। मैं कम से कम तीस मिनट तक एक स्थिर साइकिल पर कुछ पढ़ते हुए कसरत करता हूँ। फिर मैं पंद्रह मिनटों तक पूल में तैरता हूँ, और फिर पूल के छिछले हिस्से में योग का अभ्यास करता हूँ। फिर मैं ध्यानपूर्वक सुनने की भावना के साथ प्रार्थना करता हूँ, जिसमें प्रधान रूप से अपने अंतःकरण की आवाज़ सुनता हूँ और अपने बाक़ी के दिन की कल्पना करता हूँ। इसमें महत्त्वपूर्ण पेशेवर गतिविधियों और अपने प्रियजनों के साथ संबन्धों के अलावा साथी कर्मचारी और मिलने वाले भी शामिल हैं। मैं स्वयं को सच्चे सिद्धांतो के साथ जीते हुए और उचित उद्देश्यों को पूरा करते हुए देखता हूँ।[16]

उस विषय में अपने अंतःकरण की ज़रूर सुनें जिसे आप अवश्य करना चाहते हैं। फिर छोटे स्तर पर शुरूआत करें - कोई वादा करें और उसे निभाएँ। फिर एक क़दम आगे बढ़कर अधिक बड़ा वादा करें और उसे निभाएँ। आख़िरकार आप खोज लेंगे तो आपके सम्मान का बोध आपके भावों से बड़ा हो जाएगा और आप उस स्तर का विश्वास और उत्साह प्राप्त कर लेंगे कि आप अपनी ज़रूरत अनुसार अन्य क्षेत्रों की ओर प्रगति या सेवा करने हेतु आगे बढ़ सकते हैं।[16]

अधिकतर लोग अनुशासन का अर्थ स्वतंत्रता का अभाव समझते हैं। वास्तव में सच्चाई इसके विपरीत है; जो अनुशासित हैं वे ही वास्तव में स्वतंत्र हैं। जो अनुशासहीन हैं वे भावनाओं, भूख और आवेश के गुलाम हैं।[8]

अधिकतर लोग कहते हैं कि उनकी मुख्य ग़लती है अनुशासन का अभाव। गहराई से सोचने पर मैं पाता हूँ कि ऐसा नहीं है। मूल समस्या यह है कि उनकी प्राथमिकताएँ उनके दिलो-दिमाग़ में गहराई तक नहीं बैठ पाई हैं।[7]

दैनिक योजना के मुकाबले साप्ताहिक आयोजन कहीं बेहतर संतुलन व संदर्भ प्रदान करते हैं। अधिकतर लोग हफ़्तों के संदर्भ में सोचते हैं। ऐसा लगता है कि हफ़्ते की समय की एकल व संपूर्ण इकाई के रूप में अप्रत्यक्ष सांस्कृतिक पहचान बन गई है। व्यापार, शिक्षा व समाज के कई अन्य पहलू हफ़्ते के साँचे में कार्य करते हैं, जिसमें

कुछ दिन केन्द्रित निवेश को दिए जाते हैं और कुछ आराम करने व प्रेरणा पाने के लिए होते हैं।[7]

व्यक्तिगत विजय सार्वजनिक विजय के पहले आती है। स्वयं पर अधिकार व आत्म-अनुशासन ही दूसरों के साथ बेहतर संबन्धों की बुनियाद है।[7]

टाल-मटोल की आदत, अनुशासनहीनता की प्रवृत्तियों तथा कमज़ोरी की ओर झुकाव को त्याग दीजिए। इसे निजि रूप से करें - और मैं आपको बता रहा हूँ कि इसमें अत्यधिक प्रयास लगेगा; यह कोई आसान काम नहीं है - यह बेहद मुश्किल है - लेकिन समय लगाकर इसे करें। और फिर अपने जीवन में आती हुई क्रमिक शांति व शक्ति को देखिए।[4]

वर्षों पहले हम सभी चंद्रमा पर की गयी यात्राओं से आश्चर्यचकित थे। "विलक्षण" और "अविश्वसनीय" जैसे शब्द उन घटनाओं से भरे दिनों को बयान करने के लिए पर्याप्त नहीं हैं।

उन अंतरिक्ष की यात्राओं में सर्वाधिक ऊर्जा कहाँ ख़र्च होती थी? चंद्रमा तक ढाई लाख मील को तय करने में? पृथ्वी तक वापस लौटने में? चंद्रमा के चक्कर लगाने में? चंद्रमा की सतह से उठने में?

नहीं, इनमें से कोई नहीं - और इन सबको मिलाकर भी नहीं। वह तो ज़मीन से उठते समय होती थी। धरती की सतह से उठने

के कुछ मिनटों के दौरान तथा शुरूआत के मील तय करने में इतनी ऊर्जा ख़र्च होती थी, जितनी तकरीबन पाँच लाख मील तय करने में, जो कई दिनों का सफ़र होता था। आदतों की भी ज़बरदस्त गुरूत्वाकर्षण शक्ति होती है।

टाल-मटोल, अधीरता, आलोचनात्मकता या अत्यधिक स्वार्थ जैसी गहराई तक बैठी प्रवृत्तियों से बाहर आने के लिए थोड़ी इच्छा-शक्ति और जीवन में कुछ मामूली बदलावों की आवश्यकता होती है।[4]

सह-अस्तित्व
का
सिद्धांत

मैं एक ऐसे विश्व नेतृत्व समूह का सदस्य हूँ जिसका उद्देश्य पश्चिम तथा इस्लाम समुदाय के बीच बेहतर संबन्ध बनाना है। इसमें भूतपूर्व अमेरिकी राज्य सचिव, मुख्य इमाम व रब्बी, विश्व व्यापार के अग्रणी एवं संघर्ष निवारण के विशेषज्ञ शामिल हैं। हमारी पहली मुलाक़ात में ही यह स्पष्ट हो गया कि सभी के पास कोई न कोई मुद्दा है। पूरा माहौल औपचारिक व ठंडा था, और तनाव महसूस किया जा सकता था। वह रविवार का दिन था।

मैंने उस समूह से इजाज़त माँगी कि आगे बढ़ने से पहले मैं उन्हें एक सिद्धांत के बारे में बताना चाहता हूँ, और वे सहर्ष तैयार हो गए। तो मैंने उन्हें (सह-अस्तित्व का सिद्धांत) सिखाया।

मंगलवार की रात तक पूरा माहौल ही बदल गया था। व्यक्तिगत मुद्दे एक तरफ़ रख दिए गए थे। हम रोचक संकल्प ले चुके थे, जिसके बारे में हमने सोचा भी नहीं था। कमरे में मौजूद सभी लोग एक दूसरे के प्रति सम्मान और प्रेम से भर चुके थे - यह आप देख और महससू कर सकते थे। भूतपूर्व राज्य सचिव ने मुझे धीरे से कहा, "मैंने कभी इतनी शक्तिशाली चीज़ नहीं देखी। आपने यहाँ जो कर दिखाया है उससे अंतर्राष्ट्रीय कूटनीति में क्रांति आ सकती है।"[5]

निश्चित रूप से हमें कानून की आवश्यकता है, नहीं तो समाज का पतन हो जाएगा। यह अस्तित्व तो प्रदान करता है, लेकिन सह-अस्तित्व नहीं। इसका सर्वोत्तम परिणाम समझौता ही होता है।[7]

संघर्ष जीवन का एक रूप है। संघर्ष अक्सर तब पैदा होता है जब लोग अपने काम के बारे में सोचते हैं। जब मैं "संघर्ष के उपहार" की बात करता हूँ तो लोग मुझे घूरते हैं, लेकिन मेरा आशय तो यह होता है कि विचार करने वाले लोग हमेशा एक दूसरे से अलग होते हैं - और यदि वे अपने इस फ़र्क को मनोभाव के साथ व्यक्त करते हैं, तो यह एक प्रसाद है जिसे उत्सुकता के साथ ग्रहण किया जाना चाहिए।[5]

हर बच्चा तीसरा विकल्प होता है, एक विशिष्ट मनुष्य जो ऐसी क्षमताओं से संपन्न है जो न तो पहले कभी थीं और जिनका कभी दोहराव नहीं हो सकता। इन क्षमताओं का माता-पिता की क्षमताओं के आधार पर पूर्वानुमान नहीं लगाया जा सकता। किसी बच्चे में मानवीय प्रतिभाओं का विशिष्ट संयोग इस ब्रह्मांड में अद्वितीय है, और उस बच्चे की रचनात्मक क्षमता ज़बरदस्त तरीक़े से महान होती है।[5]

कोई व्यापार में ऐसी स्थिति का निर्माण कैसे कर सकता है जिसमें सभी को फ़ायदा हो? जब किसी एक पक्ष को अधिक लाभ हो तो क्या किया जाए? जब एक पक्ष को दूसरे की तुलना में अधिक लाभ हो, तो यह जीत-हार वाली स्थिति है। जीतने वाले को कुछ समय के लिए यह सफलता प्रतीत हो सकती है, लेकिन दीर्घ अवधि में इस से विद्वेष व अविश्वास पैदा होता है। आप जीत-जीत वाली स्थिति तक यह सोचकर पहुँच सकते हैं कि, "इस स्थिति में हम दोनों ही कैसे जीत सकते हैं?" आप जिसकी तलाश कर रहे हैं वह तीसरा

विकल्प है, जो हर उस चीज़ से बढ़ कर है जिसकी रचना आप अकेले कर सकते हैं।[17]

यदि दो लोगों की एक समान राय है, तो उनमें से एक अनावश्यक है।[7]

असुरक्षित लोग सोचते हैं कि सारी सच्चाई उनके प्रतिमानों के अधीन है। उन्हें इस बात की बहुत ज़रूरत महसूस होती है कि दूसरे उनके विचारों के अनुरूप ढल जाएँ। वे यह महसूस नहीं करते हैं कि किसी भी संबन्ध की ताकत दूसरे व्यक्ति का विचार जानने में है। समानता का अर्थ एकत्व नहीं है; एकरूपता का अर्थ एकता नहीं है।[7]

लोगों को समस्या में शामिल करें, उन्हें उसमें तल्लीन कर दें, जिससे वे उसे आत्मसात कर लें और उसे अपनी समस्या मानने लगें, और समाधान का अहम् हिस्सा बनने की तरफ़ उनका झुकाव हो।[7]

क्या यह तर्कसंगत है कि दो व्यक्ति एक-दूसरे से असहमत हों और दोनों ही सही हों? यह तर्कसंगत नहीं हैः यह तो मनोवैज्ञानिक है। और यह वास्तविक है।[7]

यह जानना रोचक है कि जब आप भिन्न विचारों को ध्यान

से सुनते हैं और यह सोचते हैं कि किस तरह उन्हें एक ऐसे समाधान के लिए साथ लाया जाए जिसके बारे में किसी ने सोचा न हो। हाँ, कुछ रुकावटें भी हैं, जैसे रक्षात्मकता, क्षेत्रीयता तथा यहाँ-इसका-आविष्कार-नहीं-हुआ वाला संलक्षण।[17]

कई लोगों ने वाकई में अपने पारिवारिक जीवन अथवा अन्य क्षेत्रों में मध्यम दर्जे के सह-अस्तित्व तक का अनुभव नहीं किया। रक्षात्मक व बचावकारी संपर्क में उन्हें प्रशिक्षित किया गया है, या उन्हें यह विश्वास दिलाया गया है कि दूसरे लोग भरोसे के काबिल नहीं होते।[7]

अधिकतर उद्यमियों में आज़ाद रहने की प्रवृति होती है। वे चीज़ों को स्वयं करना चाहते हैं। लेकिन यदि आप वर्ष के सर्वश्रेष्ठ उद्यमी वाली बैठकों में हर साल जाते हैं, तो आप पाएँगे कि जो लगातार जीतते हैं वे एक टीम के रूप में जीत हासिल करते हैं।[14]

अधिकतर बैठकें समय की बर्बादी होती हैं, क्योंकि उनकी तैयारी ख़राब होती है और बेहतर समाधानों हेतु सच्चे सह-अस्तित्व की बहुत कम संभावना होती है।[16]

अधिकतर सौदेबाज़ अपने तरीक़े से काम चाहते हैं। मोल-भाव के कई दौर चलने के बाद वे अक्सर किसी समझौते पर आकर ठहरते हैं, जिसे दोनों पक्ष मान लेते हैं और एक सहमति बनाते हैं। इसके

विपरीत, तीसरे विकल्प को किसी तरह की छूट की आवश्यकता नहीं है, क्योंकि यह वास्तव में सभी के लिए एक बेहतर सौदा होता है। आप मोल-भाव नहीं करते लेकिन यह पूछते हैं कि, "क्या आप एक तीसरे विकल्प के लिए सहमत हैं जो हम दोनों की सोच से भी बेहतर है?"[17]

सार्वजनिक जीत का अर्थ लोगों पर जीत हासिल करना नहीं होता। इसका अर्थ होता है प्रभावशाली व्यवहार में सफलता पाना, जिस से सभी सम्मिलित लोगों को लाभकारी नतीजे प्राप्त हों। सार्वजनिक जीत का अर्थ है मिलकर कार्य करना, मिलकर संपर्क करना, और मिलकर ऐसे कार्य करना जो वही सब लोग अकेले रहकर न कर पाएँ।[7]

वास्तविक नवाचार सह-अस्तित्व पर निर्भर करता है, और सह-अस्तित्व के लिए विविधता आवश्यक है। जब दो व्यक्ति एक ही जैसा नज़रिया रखते हों तो वे सह-अस्तित्व का निर्माण नहीं कर सकते। उनके मामले में, एक और एक का जोड़ दो होता है। लेकिन यदि दो व्यक्ति भिन्न नज़रिया रखते हैं तो वे सह-अस्तित्व में रह सकते हैं, और उनके लिए एक और एक का जोड़ तीन या दस या एक हज़ार हो सकता है।[5]

प्रकृति में हर जगह सह-अस्तित्व है। यदि आप दो पौधों को पास-पास लगाते हैं, तो उनकी जड़ें आपस में गुँथ जाती हैं और मिट्टी की गुणवत्ता बढ़ा देती हैं। इस प्रकार वे पौधे दूर रहने के

बजाय पास रहकर बेहतर तरीक़े से बढ़ते हैं। यदि आप लकड़ी के दो टुकड़ों को साथ जोड़ दें, तो वे अलग रहने की तुलना में साथ रहकर कहीं अधिक वज़न सह सकते हैं। हिस्सों की तुलना में संपूर्ण वस्तु अधिक शक्तिशाली होती है। एक और एक का जोड़ तीन या उससे अधिक होता है।[7]

सह-अस्तित्व किसी समझौते की तरह नहीं है। समझौते में, एक और एक का जोड़ अधिकतम डेढ़ ही होता है।[5]

सह-अस्तित्व की प्रक्रिया में पहला क़दम यह सवाल पूछना है किः "क्या आप ऐसे समाधान के लिए तैयार हैं जो हम दोनों की सोच से भी बेहतर है?"[5]

संघर्ष के प्रति व्यवसायिक नज़रिया सिर्फ़ "मैं" के विषय में होता हैः "मुझे जो चाहिए वह कम से कम नुक़सान पर मुझे कैसे मिले?" वहीं संघर्ष के प्रति बदलावकारी नज़रिया "हम" के विषय में होता हैः "हम किस तरह से मिलकर कुछ आश्चर्यजनक कर सकते है।?"[5]

मतभेदों का सम्मान करना ही सह-अस्तित्व का सार है - लोगों के बीच का मानसिक, भावनात्क व मनोवैज्ञानिक फ़र्क। और इस फ़र्क को सम्मान देने की कुँजी यह महसूस करना है कि सभी लोग दुनिया को उसके असल स्वरूप में न देखकर अपने नज़रिए से देखते हैं।[7]

जब लोग समझौता नहीं कर सकते, तो यह एक अच्छी चीज़ हो सकती है - क्योंकि इस से तीसरे विकल्प का रास्ता खुल सकता है। समझौता करके हम कुछ खो देते है; तीसरे विकल्प के माध्यम से हम सभी जीत जाते हैं।"[18]

विश्वास
का
सिद्धांत

मैं एक ऐसे रेस्तरां को जानना हूँ जहाँ बेहतरीन क्लैम चाउडर परोसा जाता है और वह हर दिन लंच के समय ग्राहकों से भरा रहता है। फिर उसे बेच दिया गया, और नए मालिक ने सुनहरे अंडों पर ध्यान केन्द्रित किया - उसने चाउडर बनाना बंद कर दिया।

करीब एक महीने तक ख़र्चा कम रहा और आमदनी बनी रही, जिससे मुनाफ़ा बहुत बढ़ गया। लेकिन समय के साथ ग्राहक ग़ायब होने लगे। भरोसा जाता रहा और व्यापार घटकर न्यूनतम रह गया। नए मालिक ने सुधार के भरसक प्रयास किए, लेकिन उसने ग्राहकों को नज़रअंदाज़ किया था, उनका विश्वास तोड़ा था, और ग्राहकों की वफ़ादारी खो दी थी। अब सोने के अंडे देने वाली कोई हंसिनी नहीं थी।[7]

यदि आप चाहते हैं कि लोग आप पर विश्वास करें, तो विश्वास के योग्य बनिए।[7]

उपस्थित लोगों का विश्वास प्राप्त करने के लिए, अनुपस्थित लोगों के प्रति वफ़ादार रहिए।[7]

लोग सहज रूप से उन पर विश्वास करते हैं जिनका व्यक्तित्व उचित सिद्धांतों पर आधारित होता है।[3]

ऐसे लोग भी होते हैं जिन पर हम पूर्ण विश्वास करते है। क्योंकि हम उनका चरित्र जानते हैं। भले ही वे वाक्पटु हों या नहीं, भले ही उन्हें मानवीय संबन्धों को विकसित करने की तकनीकें आती हों या नहीं, फिर भी हम उन पर विश्वास करते हैं और उनके साथ सफलतापूर्वक काम करते हैं।[7]

विश्वास जीवन को जोड़ता है। यह प्रभावशाली संपर्क स्थापित करने का सर्वाधिक आवश्यक तत्त्व है। यह ऐसा मूलभूत सिद्धांत है जो सभी संबन्धों को साथ रखता है।[1]

विश्वास मानवीय प्रेरणा का उच्चतम रूप है।[7]

हम सभी जानते हैं कि वित्तीय बैंक खाता क्या होता है। हम उसमें राशि जमा कर एक सुरक्षा निधि बनाते हैं, जिसमें से ज़रूरत पड़ने पर राशि निकाल सकते हैं। भावनात्मक बैंक खाता एक रूपक है जो किसी संबन्ध में बनाए गए भरोसे का वर्णन करता है। यह किसी दूसरे व्यक्ति के साथ सुरक्षा की भावना है। यदि मैं आपके साथ बनाए गए भावनात्मक खाते में विशष्टाचार, उदारता, ईमानदारी और अपने द्वारा किए गए वादे निभाने की पूँजी जमा करूँ, तो मैं एक सुरक्षा निधि का निर्माण कर लूँगा।[7]

जब विश्वास बहुत गहरा होता है तो सम्प्रेषण आसान, प्रयासरहित व तात्कालिक होता है। यदि आप कोई ग़लती करते है तो इससे विशेष फ़र्क नहीं पड़ता क्योंकि लोग आपको जानते हैं।[8]

सच्चाई
का
सिद्धांत

मैंने एक रविवार की शाम को न्यू यॉर्क के सब-वे पर एक छोटे-से प्रतिमान को बदलते हुए महसूस किया। लोग चुपचाप बैठे थे - कुछ अख़बार पढ़ रहे थे, कुछ विचारों में खोए थे, कुछ आँखें बंद कर आराम कर रहे थे। वह एक शांत नज़ारा था।

फिर एकाएक, एक व्यक्ति और उसके बच्चों ने सब-वे कार में प्रवेश किया। वे बच्चे इतने कोलाहल करने वाले तथा शैतान थे कि तुरंत ही सारा माहौल बदल गया।

उस व्यक्ति ने मेरे पास बैठकर अपनी आँखें बंद कर लीं, जैसे वह उस परिस्थिति से अनभिज्ञ हो। वे बच्चे चिल्ला रहे थे, चीज़ों को फेंक रहे थे और यहाँ तक कि लोगों के अख़बारों को छीन रहे थे। यह सब बहुत परेशान करने वाला था। इसके बावजूद, मेरे पास बैठे व्यक्ति ने कुछ नहीं किया।

ऐसे में चिढ़ से बचना मुश्किल था। मुझे यक़ीन नहीं हो रहा था कि वह इतना असंवेदनशील हो सकता है कि अपने बच्चों को एकसा व्यवहार करने दे और इसकी ज़रा भी ज़िम्मेदारी न ले। यह साफ़ दिख रहा था कि सब-वे के सभी लोगों को चिढ़ हो रही थी। आख़िरकार, असाधारण धैर्य व नियंत्रण दिखाते हुए मैंने उसे कहा, "श्रीमान, आपके बच्चे बहुत से लोगों को परेशान कर रहे हैं। क्या आप उन्हें थोड़ा नियंत्रित करना नहीं चाहेंगे?"

उस व्यक्तिने इस प्रकार नज़रें उठाईं जैसे इस परिस्थिति से पहली बार अवगत हो रहा हो और कहा, "हाँ, आप सही कह रहे हैं। शायद मुझे इस बारे में कुछ करना चाहिए। हम अभी उस अस्पताल से आ रहे हैं जहाँ करीब एक घण्टे पहले उनकी माँ का देहान्त हो गया। मुझे नहीं पता कि मुझे क्या सोचना चाहिए, और शायद उन्हें भी नहीं पता कि ऐसे में क्या करना चाहिए।"

क्या आप कल्पना कर सकते हैं कि उस क्षण मुझे कैसा महसूस हुआ। मेरे प्रतिमान बदल गए। एकाएक मैं चीज़ों को भिन्न रूप में देखने लगा, भिन्न महसूस करने लगा, भिन्न रूप से व्यवहार करने लगा।

मेरी चिढ़ ग़ायब हो गई। अब मुझे अपने नज़रिए और व्यवहार को नियंत्रित करने की चिंता नहीं थी; मेरा हृदय उस व्यक्ति के दर्द से भर गया। सहानुभूति और करूणा की भावनाएँ बह निकलीं। "आपकी पत्नी का देहांत हो गया? ओर, मुझे बहुत खेद है। क्या आप मुझसे इस बारे में बात करेंगे? मैं किस तरह आपकी मदद कर सकता हूँ?" एक पल में सब कुछ बदल गया।[7]

अपने जीवन को सिद्धांतों पर केन्द्रित करें। सिद्धांत कभी प्रतिक्रिया नहीं करते। वे न तो हमें तलाक देंगे और न ही हमारे सबसे अच्छे मित्र के साथ भाग जाएँगे। वे हमें पकड़ने नहीं आए हैं। वे हमारी राह को आसान उपायों व क्विक-फ़िक्स द्वारा बेहतर नहीं बनाएँगे। वे अपनी वैधता के लिए दूसरों के व्यवहार, पर्यावरण या आज-कल की सनक पर निर्भर नहीं करते। सिद्धांत मरते नहीं। वे ऐसे नहीं होते कि आज यहाँ और कल वहाँ।[7]

उचित सिद्धांत कम्पास की तरह होते हैं: वे हमेशा रास्ता दिखाते हैं। और यदि हम उन्हें पढ़ना जानते हैं तो हम न तो भटकेंगे, न दुविधा में पड़ेंगे और न ही संघर्ष पैदा करने वाली आवाज़ों और मूल्यों द्वारा मूर्ख बनाए जाएँगे।[19]

मेरा विश्वास है कि मानव की प्रकृति के ऐसे भाग भी हैं जिन तक विधि/क़ानून अथवा शिक्षा नहीं पहुँच सकते, बल्कि इसमें ईश्वरीय शक्ति की आवश्यकता होती है।[7]

यदि मैं यह सोचता हूँ कि मैं दुनिया को इसके वास्तविक स्वरूप में देखता हूँ, तो मैं नज़रियों में फ़र्क को महत्त्व क्यों दूँगा? मैं किसी "भटके हुए" व्यक्ति के साथ क्यों परेशान होना चाहूँगा? मेरा प्रतिमान यह है कि मैं तटस्थ हूँ; मैं दुनिया को उस रूप में देखता हूँ जैसी वह है। सभी लोग गौण बातों में फँसे हैं, लेकिन मैं बड़ी बातों को सोचता हूँ। इसीलिए सब मुझे सुपरवाइज़र कहते हैं - मेरे पास वृहद दृष्टि है।[7]

प्रबंधन से संबन्धित प्रभावी शब्द शक्कर की कैंडी के समान होते हैं, जो कुछ क्षणों के स्वाद के बाद ग़ायब हो जाती है।[8]

हमारे ज्ञान का बोध बड़े स्तर पर भिन्न हो सकता हो। और फिर भी आप अपने मानसिक प्रतिमानों को सालों तक जीते हैं, यह सोचकर कि वे "तथ्य" हैं, और जो लोग "इन तथ्यों को देख नहीं सकते," उनके चरित्र या मानसिक क्षमता पर सवाल खड़े करते हैं।[7]

हमारी समस्याएँ और दुख वैश्विक हैं और लगातार बढ़ रहे हैं, और इन समस्याओं का समाधान हमेशा वैश्विक, समयातीत व स्वयं-प्रमाणित

सिद्धांतों पर आधारित रहा है व रहेगा। ये सिद्धांत हर सहनशील व प्रगतिशील समाज में संपूर्ण इतिहास के दौरान रहे हैं।[7]

सिद्धांत हर प्रमुख सहनशील धर्म, सहनशील सामाजिक दर्शन व नैतिक व्यवस्थाओं का हिस्सा हैं। वे स्वयं-प्रमाणित हैं और किसी भी व्यक्ति द्वारा आसानी से अभिपुष्ट किए जा सकते हैं।[7]

चरित्र की नैतिकता इस मूलभूत विचार पर आधारित है कि मानवीय प्रभावशीलता को संचारित करने वाले सिद्धांत भी होते हैं। ये मानवीय परिधि के अंतर्गत आने वाले वे प्राकृतिक नियम हैं जो उतने ही वास्तविक, न बदलने वाले और निर्विवाद रूप से "मौजूद" हैं, जितने भौतिक आयाम के तहत आने वाले गुरूत्वाकर्षण जेसे नियम।[7]

समस्या को देखने का ज़रिया ही हमारी समस्या बन जाता है।[7]

नैतिक मूल्य, ईमानदारी, सच्चाई, सम्मान और संस्कृति को बेहतर बनाने में योगदान देने जैसे गुण वास्तव में होते हैं। ये सभी सदा प्रासंगिक रहते हैं, जीवन को उत्तरोत्तर बेहतर बनाते हैं तथा स्वयं प्रामाणिक होते हैं।[8]

मानवीय संबन्धों के बहुत से फ़ॉर्मूले खिली धूप की भाँति होते हैं, जो आसान व तर्कसंगत लगते हैं तथा वातावरण को "जीवन के तूफ़ानों" से मुक्त करने पर कारगर साबित होते हैं। लेकिन जन तक वे जड़ों तक पहुँचकर किसी व्यक्ति की चारित्रिक संरचना को गहराई से प्रभावित नहीं करते, तब तक वे मात्र अस्थायी रूप से प्रशान्त व बेसुध करते हैं।[4]

अक्सर हम किसी झूठी दुविधा का सामना करते समय उसे पहचान नहीं पाते - यह बहुत बुरी चीज़ है, क्योंकि वास्तव में तो अधिकतर दुविधाएँ झूठी ही होती हैं।[5]

हमें उस लेंस को भी उतनी ही अच्छी तरह देखना चाहिए जितनी अच्छी तरह हम उसे ज़रिए इस दुनिया को देखते हैं। क्योंकि वह लेंस ही है जो यह निर्धारित करता है कि हम दुनिया को किस तरह समझेंगे।[7]

हम दुनिया को उसके वास्तविक रूप में न देखकर, अपने नज़रिए से देखते हैं - या जिस तरह हमारा अनुकूलन हुआ है, उस दृष्टि से देखते हैं।[7]

कुछ देखने के बाद जब उसका वर्णन करने के लिए हम अपना मुँह खोलते हैं, तो हम सिर्फ़ स्वयं का, अपनी जानकारी का और अपने प्रतिमानों का वर्णन करते हैं।[7]

क्रिया-कलाप तो परिस्थिति के अनुसार संचालित होते हैं, लेकिन सिद्धांत ऐसी गहरी मूलभूत सच्चाइयाँ होते हैं जो पूरी दुनिया पर लागू होते हैं।[7]

दृष्टिकोण का सिद्धांत

अपने मन की आँखों से देखिए कि आप किसी अंत्येष्टि स्थान या प्रार्थनालय के बाहर अपनी कार से उतर रहे हैं। जब आप इमारत के भीतर चल रहे होते हैं तो आप फूलों व धीमे बज रहे संगीत पर ध्यान देते हैं। आप गुज़रने के दौरान मित्रों व परिवार वालों के चेहरे देखते हैं। आप किसी को खोने के ग़म और उसे जानने की ख़ुशी में सहभागी बनते हैं, और यह वहाँ मौजूद लोगों के दिलों से भी प्रस्फुटित होता है।

जब आप कमरे के छोर पर पहुँचकर शव-पेटी के भीतर झाँकते हैं, तो एकाएक आपका स्वयं से सामना होता है। यह तो आपकी अंत्येष्टि है, आज से तीन साल बाद। ये सभी लोग आपका सम्मान करने तथा आपके प्रति प्रेम की भावनाएँ व प्रशंसा व्यक्त करने आए हैं।

जब आप कुर्सी पर बैठकर संस्कार क्रियाएँ शुरू होने का इंतज़ार करते हैं, तो आप अपने हाथ में थामे कार्यक्रम को देखते हैं। चार वक्ताओं को बोलना है। पहला आपके परिवार से है, नज़दीकी और दूर के - बच्चे, भाई, बहनें, भतीजे/भाँजे, भतीजी/भाँजी, चाची/मामी, चाचा/मामा, चचेरे, ममेरे, फुफेरे, मौसेरे भाई-बहन और दादा/नाना व दादी/नानी। ये सब पूरे देश से इस आयोजन में आए हैं। दूसरा वक्ता आपका एक मित्र है जो आपके व्यक्तित्व के बारे में कुछ बातें बताएगा। तीसरा वक्ता आपके कार्य या पेशे से संबन्धित है। और चौथा वक्ता आपके गिरिजाघर या सामुदायिक संगठन से है जहाँ आप सेवा करते रहे हैं।

अब गहराई से सोचिए: आप इन सभी वक्ताओं से अपने और अपने जीवन के बारे में क्या सुनना चाहेंगे? उनके शब्द आपको किस तरह के पति, पत्नी, पिता या माँ के रूप में व्यक्त करें? आप

किस तरह के बेटे, बेटी या भाई-बहन कहलाया जाना पसंद करेंगे? किस तरह के मित्र और किस तरह के ऑफ़िस कर्मचारी कहलाया जाना चाहेंगे?

आप अपना चरित्र उनकी नज़रों में कैसा देखना चाहेंगे? आपके अपने कौन से योगदान और उपलब्धियाँ उनकी याद में देखना चाहेंगे? अपने आस-पास के लोगों की ओर ध्यान से देखिए। आप उनके जीवन में कौन सा फ़र्क लाना चाहेंगे?[7]

एक व्यक्तिगत जीवन-लक्ष्य जो उचित सिद्धांतों पर आधारित हो, वह एक व्यक्तिगत व्यवस्था बन जाता है, जो प्रमुख व जीवन निर्देशित करने वाले फ़ैसले का आधार बनता है। और साथ ही हमारे जीवन को प्रभावित करने वाली परिस्थितियों और भावनाओं के बीच रोज़मर्रा के फ़ैसलों का आधार भी बनता है। यह लोगों को बदलाव के समय में भी शक्ति प्रदान करता है।[7]

दिमाग़ में अंतिम परिणाम को ध्यान में रखकर शुरूआत करें।[7]

जीवित होता अर्थात् मानवीय आयाम के ज़रिए देखना।[7]

हमारा जीवन कितना बदल जाता है जब हम यह जान लेते हैं कि हमारे लिए सर्वाधिक महत्त्वपूर्ण क्या है; और उस बात को ध्यान में

रखते हुए, हम स्वयं को प्रतिदिन इसके अनुसार प्रबंधित करते हैं कि हमारे लिए क्या बनना और करना सबसे ज़्यादा मायने रखता है।[7]

यदि हम सीढ़ी को सही दीवार पर न लगाएँ, तो हमारे द्वारा उठाया गया हर कदम हमें तेज़ी से ग़लत दिशा की ओर ले जाता है।[7]

एक मकान बनाने के दौरान, मिट्टी का पहला बेलचा उठाने के पहले ही हम अपने दिमाग़ में उस मकान के आख़िरी पहलू तक की योजना बना लेते हैं। फिर इसका ब्लू प्रिंट तैयार किया जाता है। इसीलिए, मैं ये सवाल उठाता हूँः हम हर दिन, हर सप्ताह या हर वर्ष को वास्तविक रूप में जीने के पहले उन्हें अपने दिमाग़ में निर्मित क्यों नहीं करते ?[4]

मैं बदल सकता हूँ। मैं अपनी याददाश्त पर जीने के बजाय अपनी कल्पना के आधार पर जीवित रह सकता हूँ। मैं अपने आप को स्वयं के सीमित अतीत के बजाय स्वयं की अंतहीन संभावना से जोड़ सकता हूँ।[7]

प्रेरणा एक ऐसी आग है जो हमारे भीतर उत्पन्न होती है। यदि कोई अन्य व्यक्ति इस आग को आपमें जगाने का प्रयास करे, तो इसके थोड़े ही समय तक जलने की संभावना होगी।[21]

किसी भी परिवार के मूल में वह है जो कभी बदलना नहीं, जो सदा बना रहेगा – साझा दृष्टिकोण और मूल्य।[7]

जिस ज्ञान/जानकारी के युग की ओर हम बढ़ रहे हैं वह औद्योगिक युग से पचास गुना आगे होगा – न दुगुना, न तीन गुना और न ही दस गुना, लेकिन पचास गुना।[8]

किसी भी कार्य अथवा नौकरी में कोई भविष्य नहीं होता। भविष्य तो सिर्फ़ आपके भीतर छिपा होता है।[21]

हमारे जीवन में जीत की कोई संभावना नहीं होती, अगर हम गहराई से यह तक नहीं जानते कि जीत के कारण क्या होते हैं – हमारे अंदरूनी मूल्यों के साथ कौन सी चीज़ सुसंगत रहती है।[7]

कल्पना के द्वारा हम उन अरचित संभावनाओं की दुनिया को देख सकते हैं जो हमारे भीतर ही बसती है।[7]

अपने आपको प्रभावशाली तरीक़े से बदलने के लिए, पहले हमें अपने बोध, अपने विचारों को बदलना होगा।[21]

सभी की जीत
का
सिद्धांत

मैंने एक बड़े रीटेल स्टोर चेन के लीडर के साथ काम किया, जो थोड़ा संदेहवाद था। "स्टीफ़न, यह जीत-जीत का विचार सुनने में अच्छा लगता है, लेकिन यह बड़ा आदर्शवादी है। निष्ठुर व यथार्थवादी व्यापार जगत ऐसा नहीं है। जीत-हार हर जगह है, और यदि आप इस खेल को ठीक तरह से नहीं खेलते, तो आप इससे बाहर हो जाएँगे।"

"ठीक है," मैंने कहा, "अपने ग्राहकों के साथ जीत-हार को आज़मा कर देखो। क्या यह यथार्थवादी होगा?"

"नहीं," उसने कहा।

"क्यों नहीं?"

"इस तरह तो मैं अपने ग्राहकों को खो बैठूँगा।"

"तो फिर हार-जीत अपनाकर देखो - अपना स्टोर किसी और को दे दो। क्या यह यथार्थवादी तरीक़ा होगा।

"नहीं। यदि मुनाफ़ा नहीं, तो लक्ष्य भी नहीं।"

हमने विभिन्न विकल्पों पर विचार किया और जीत-जीत ही एकमात्र यथार्थवादी तरीक़ा प्रतीत हुआ।

"शायद यह ग्राहकों के लिए तो सही है," उसने कहा, "लेकिन सप्लायर के लिए नहीं।"

"आप तो सप्लायर के ग्राहक है," मैंने कहा। "तो यह सिद्धांत यहाँ क्यों नहीं लागू होता?"

"देखिए, हमने हाल ही में मॉल संचालकों व मालिकों के साथ दोबारा लीज़ अनुबंध किए हैं," उसने कहा। "हमने जीत-जीत वाला रवैया अपनाया। हमने अपने आप को खुले विचारों वाला, तर्कसंगत

व समनुरूप रखा। लेकिन उन्होंने हमें नम्र तथा कमज़ोर समझ लिया, और उस स्थिति का लाभ उठाने की कोशिश की।"

"आपने हार-जीत वाला रूख क्यों अपनाया?" मैंने पूछा।

"हमने ऐसा नहीं किया। हम तो जीत-जीत चाहते थे।"

"मेरे विचार से आपने कहा कि उन्होंने आपका फ़ायदा उठाया।"

"हाँ, उन्होंने ऐसा किया।"

"दूसरे शब्दों में कहें तो आपकी हार हुई।"

"हाँ, सही कहा।"

"और उनकी जीत हुई।"

"तो इसे आप क्या कहेंगे?"

जब उसे आभास हुआ कि जिसे वह जीत-जीत समझ रहा था वह वास्तव में हार-जीत थी, तो वह चौंक गया।[7]

जीत-जीत वाली सोच के लिए प्रचुरता की मनोवृति अनिवार्य है। यह एक ऐसा प्रतिमान है जो कहता है कि हर चीज़ प्रचुर मात्रा में उपलब्ध है और सभी के लिए भरपूर है। इसका परिणाम है प्रतिष्ठा, स्वीकृति, लाभ व निर्णय-प्रक्रिया में साझेदारी। इसके द्वारा संभावनाओं, चुनावों, विकल्पों और रचनात्मकता के दरवाज़े खुलते हैं। प्रचुरता की मनोवृति व्यक्तिगत महत्त्व और सुरक्षा की गहरी आंतरिक अनुभूति से उत्पन्न होती है।[7]

हालाँकि हर काम के एकरस व चुनौतीहीन पहलू होते हैं, फिर भी

हम सभी के पास अपने जीवन काल में कहीं न कहीं पर्याप्त मौके आते हैं। इन अवसरों के द्वारा हम अपनी रूचियों का दायरा बढ़ा सकते हैं, तथा उन रूचियों को अपने ज्ञान व समझ से गहराई प्रदान कर सकते हैं। साथ ही, हम अपने कौशल और क्षमताओं को विकसित कर अपनी रूचियों को बढ़ावा भी दे सकते हैं। संक्षेप में, "जीवन में शामिल" हो सकते हैं।[4]

दीर्घ अवधि के दौरान, यदि दोनों पक्षों के लिए जीत-जीत नहीं है, तो दोनों हार जाते हैं। इसीलिए परस्पर निर्भरता वाली परिस्थितियों के लिए जीत-जीत ही एकमात्र विकल्प है।[7]

जीवन का अधिकार भाग प्रतियोगिता नहीं होता। हमें हर दिन अपने जीवन साथी, अपने बच्चों, अपने सहकर्मियों, अपने पड़ोसियों और अपने मित्रों से प्रतिस्पर्द्धा नहीं करनी है। "आपकी शादी के बाद आप दोनों में से कौन जीत रहा है?" यह एक हास्यास्पद सवाल है। यदि दोनों ही व्यक्ति नहीं जीत रहे हैं, तो दोनों ही हार रहे हैं।[7]

अधिकतर लोग विभाजन के संदर्भ में सोचते हैं: शक्तिशाली अथवा कमज़ोर, हार्डबॉल अथवा सॉफ़्टबॉल, जीत अथवा हार। लेकिन इस तरह की सोच मूलभूत रूप से त्रुटिपूर्ण है। वह सिद्धांत पर आधारित होने के बजाय शक्ति और पद पर आधारित है। जीत-जीत इस प्रतिमान पर आधारित है कि सभी के लिए सब कुछ प्रचुर मात्रा में मौजूद है, कि किसी एक व्यक्ति की सफलता दूसरे व्यक्ति की असफलता पर निर्भर नहीं है।[7]

शायद अधिकार/नियंत्रण की भावना को साझेदारी की भावना के पहले आना चाहिए।[7]

बदले की भावना एक दुधारी तलवार की तरह है। मैं एक ऐसे तलाक के बारे में जानता हूँ जिसमें न्यायाधीश ने पति को आदेश दिया कि वह अपनी संपत्तियों को बेचकर अपनी पूर्व पत्नी को उसकी आधी क़ीमत चुकाए। इस आज्ञा का पालन करते हुए उसने अपनी 10,000 डॉलर से अधिक मूल्य की कार 50 डॉलर में बेचकर अपनी पूर्व पत्नी को 25 डॉलर दे दिए।[7]

किसी परेशानी में फँसने पर कई लोग सबसे पहले यह सोचते है। कि किसी पर मुक़दमा दायर कर उसे कोर्ट में कैसे ले जाएँ। किसी दूसरे को हरा कर स्वयं कैसे "जीत" जाएँ। लेकिन रक्षात्मक रवैये वाले दिमाग़ न तो रचनात्मक होते हैं और न ही सहयोगी।[7]

अभाव की मनोवृत्ति जीवन का शून्य-योग वाला प्रतिमान है। अक्सर, अभाव की मनोवृत्ति वाले लोग मन ही मन यह चाहते हैं कि दूसरों को दुर्भाग्य का सामना करना पड़े - भयानक दुर्भाग्य तो नही, लेकिन ऐसी विपत्ति जो दूसरों को उनकी "सही जगह" पर रख सके। वे अपना मूल्य दूसरों से तुलना कर के निर्धारित करते हैं; और कुछ हद तक किसी और की सफलता को अपनी विफलता मानते हैं।[7]

जीत-जीत की मनोवृत्ति न केवल व्यापार के लिए बल्कि जीवन के सभी संबन्धों के लिए मूलभूत चीज़ है। यह किसी भी मनुष्य के दिल में जगह पाने का टिकट है।[5]

जीत-जीत के बारे में सोचें।[7]

अक्सर हम यह मान लेते हैं कि किसी बहस का मकसद जीत हासिल करना होता है - दूसरे पक्ष को हराना। इसे अपने मित्रों व परिवार के साथ आज़माएँ और फिर देखें कि आप प्रेमपूर्ण व रचनात्मक संबन्धों की दिशा में कितना आगे बढ़ पाते हैं।[5]

जीतने में मज़ा है। लेकिन जीतने के एक से अधिक रास्ते हैं। जीवन कोई टेनिस का खेल नहीं है जिसमें एक ही खिलाड़ी की जीत होती है। और भी ज़्यादा मज़ा तब आता है जब दोनों पक्ष जीतते हैं, जब वे दोनों एक नई सच्चाई का निर्माण करते हैं और आनंद पाते हैं।[5]

जीत-जीत कोई व्यक्तित्व से संबन्धित तकनीक नहीं है। यह तो दिल और दिमाग़ की एक दशा है जो सभी तरह के माननीय व्यवहार में परस्पर लाभ चाहती है। यह मानव के परस्पर व्यवहार का दर्शन है। यह अखंडता व परिपक्वता वाले चरित्र तथा प्रचुरता की मनोवृत्ति से उत्पन्न होती है। यह गहरे भरोसे वाले संबन्धों से आती है।[7]

स्टीफ़न आर. कवी

के

प्रिय उद्धरण

हम वही हैं जो हम बार-बार करते हैं। इसलिए उत्कृष्टता कोई क्रिया नहीं बल्कि आदत है।

– अरस्तु

एक विचार रोपेंगे, तो एक क्रिया प्राप्त करेंगे;
एक क्रिया रोपेंगे, तो एक आदत प्राप्त करेंगे;
एक आदत रोपेंगे, तो एक चरित्र प्राप्त करेंगे;
एक चरित्र रोपेंगे, तो एक नियति प्राप्त करेंगे।

– जॉर्ज डैना बोर्डमैन को समर्पित

एक बच्चे को यह ज्ञात होना ही चाहिए कि वह एक चमत्कार है, कि इस दुनिया की उत्पत्ति के समय से लेकर इसके अंत काल तक, उस जैसा दूसरा बच्चा न तो हुआ है और न होगा।

– पाब्लो कज़ाल्स

योजनाएँ किसी काम की नहीं होती; लेकिन उनका नियोजन अमूल्य होता है।

– पीटर ड्रकर

जिन महत्त्वपूर्ण समस्याओं का सामना हम कर रहे हैं, वे सोच के उस स्तर पर रहकर नहीं सुलझाई जा सकतीं जिस स्तर पर हमने उनका निर्माण किया था।

– ऐल्बर्ट आइंस्टाइन को समर्पित

स्वतंत्र लोगों का इतिहास कभी संयोग से नहीं लिखा जाता, बल्कि चुनाव के आधार पर लिखा जाता है - उन लोगों का चुनाव।

– ड्वाइट डी. आइज़नहावर

हम कभी खोज समाप्त नहीं करेंगे
और हमारी खोज का अंत
वहीं लौट कर होगा जहाँ से हम चले थे
और तब हम उस जगह को पहली बार जान पाएँगे।

– टी एस ईलियट

जिस कार्य से हम डटे रहते हैं वह आसान बन जाता है - ऐसा नहीं कि कार्य की प्रकृति बदल जाती है, लेकिन उसे कर पाने की हमारी क्षमता बढ़ जाती है।

– रैल्फ़ वॉल्डो एमर्सन

सभी बच्चे प्रतिभावान पैदा होते हैं : हर 10,000 में से 9,999 बच्चों की प्रतिभा को वयस्कों द्वारा शीघ्रता से अनजाने में ही ख़त्म कर दिया जाता है।

– बकमिन्सटर फ़ुलर

वे चीज़ें जो सर्वाधिक महत्त्व रखती हैं, उन्हें उन चीज़ों पर कदापि निर्भर नहीं रहना चाहिए जो न्यूनतम महत्त्व रखती हैं।

– योहान वुल्फ़गैंग वॉन गोएट

किसी व्यक्ति के साथ वैसा व्यवहार करें जैसा वह है, तो वह वैसा ही रहेगा। किसी व्यक्ति के साथ वैसा व्यवहार करें जैसा वह बन सकता है और जैसा उसे बनना चाहिए, तो वह वैसा ही बन जाएगा।

– योहान वुल्फ़गैंग वॉन गोएट

सफल व्यक्तियों को वह करने की आदत होती है जो असफल व्यक्ति नहीं करना चाहते। वे उन कार्यों को आवश्यक मानकर नहीं करते हैं। लेकिन उनकी नापसंद उनके उद्देश्य की शक्ति के आगे गौण हो जाती है।

– ई एम ग्रे

विशाल जनता के उद्धार के लिए परिश्रम करने से कहीं श्रेष्ठ है किसी एक व्यक्ति के कल्याण हेतु स्वयं को समर्पित करना।

– डग हैमरख़ल्ड

मैं जटिलता के नज़दीक रहने वाली सादगी के लिए एक गूलर (जंगली फल) तक नहीं दूँगा; लेकिन जटिलता के दूसरे छोर पर मिलने वाली सादगी के लिए मैं अपना दाँया हाथ तक कुर्बान कर दूँगा।

– ऑलिवर वेन्डेल होम्ज़

जो हमारे पीछे है और जो हमारे आगे है, वह उसकी तुलना में बहुत ही छोटा है जो हमारे भीतर है।

– ऑलिवर वेन्डेल होम्ज़

आत्म-विश्वास के बिना मित्रता नहीं हो सकती, और अखंडता के बिना आत्म-विश्वास नहीं आ सकता।

– सैम्युल जॉनसन

दो चीज़ें मुझे हमेशा आश्चर्यचकित करती हैं : ऊपर फैला सितारों भरा आकाश और हमारे भीतर बसा नैतिक नियम।

– इमैनुअल कांट

हर आधी-सच्चाई कुछ समय बाद अपनी विपरीत आधी-सच्चाई के ही विरूद्ध विरोध पैदा करती है।

– डी एच लॉरेंस

शांत अतीत के सिद्धांत तूफ़ानी वर्तमान के लिए पर्याप्त नहीं हैं।

– अब्राहम लिंकन

आज मेरे पास करने के लिए इतना कुछ है कि मुझे और एक घंटा अपने घुटनों के बल बैठकर बिताना होगा

– मार्टिन लूथर को समर्पित

आदतें किसी रस्सी जैसी होती हैं : हम रोज़ उसमें सन बटते हैं और जल्दी ही वह मज़बूत बन जाती है।

– हॉरेस मैन

हमने सुनहरे नियम को याद कर लिया है; आइए अब उसे जीवन में लागू करें।

– एड्विन मारख़म

जीवन के सबसे बड़े युद्ध रोज़मर्रा के जीवन में हमारी आत्मा के शांत कोनों में लड़े जाते हैं।

– डेविड ओ. मके

यदि ऐसे लोग हैं जो स्वीकृत विचारों का विरोध करते हैं, तो आइए उन्हें धन्यवाद दें, अपने दिमाग़ को खुला रखें और उनकी बात सुनें। और साथ ही हम प्रसन्न हों कि कोई हमारे लिए वह काम कर रहा है जो हमें स्वयं करना पड़ता।

– जॉन स्टूअर्ट मिल

आज-कल मैं जब कभी मुड़ कर अपने जीवन को देखता हूँ, तो जो बात मुझे सबसे ज़्यादा प्रभावित करती है, वह यह कि जो पहले सर्वाधिक महत्त्वपूर्ण व सम्मोहक लगता था, अब वही सबसे निरर्थक और बेतुका लगता है।

– मैल्कम मगरिज

वह चीज़ जिसे हम आसानी से पा लेते हैं, उसे कम महत्त्व देते हैं। वह लगाव ही है जो किसी चीज़ का मूल्य निर्धारित करता है। ईश्वर जानता है कि अपने उत्पादों पर उचित मूल्य कैसे लगाना है।

– टॉमस पेन

हृदय के बनाए हुए अपने कारण होते हैं, जिन्हें स्वयं कारण भी नहीं जानते हैं।

– ब्लेस पैस्कल

आपकी मर्ज़ी के बिना कोई आपको आहत नहीं कर सकता।

– ऐलेनॉर रूज़वेल्ट

कमज़ोर ही क्रोधी होते हैं। नम्रता की आशा तो केवल बलवान से ही की जा सकती है।

– लियो रॉस्किन

जीवन की यही सच्ची ख़ुशी है - हमारे अस्तित्व का इस्तेमाल ऐसे उद्देश्य हेतु किया जा रहा है जिसे हम स्वयं महान मानते हैं; हम प्रकृति की एक शक्ति हैं, न कि ज्वरग्रस्त, स्वार्थी व बीमारियों और शिकायतों के पुतले जो हमेशा उलाहने देते हैं कि दुनिया उन्हें ख़ुश करने के लिए कुछ नहीं करेगी। मेरे विचार से मेरा पूरा जीवन सारे समाज के लिए है, और जब तक मैं जीवित हूँ, यह मेरा सौभाग्य होगा कि मैं अपने सामर्थ्य अनुसार उसके लिए कुछ कर सकूँ। अपनी मृत्यु तक मैं अपना भरपूर इस्तेमाल चाहता हूँ। मैं जितनी अधिक मेहनत करूगाँ उतनी ही गहराई से जी पाऊँगा। मैं जीवन की खातिर ही उसका आनंद लेता हूँ। जीवन मेरे लिए कोई छोटी सी मोमबत्ती नहीं है। वह तो एक भव्य मशाल है जिसे मुझे थाम कर रखना है, और मैं चाहता हूँ जब

वह अपनी पूरी रोशनी के साथ जले, तो मैं उसे भावी पीढ़ियों के हाथों में सौंप दूँ।

– जॉर्ज बर्नार्ड शॉ

हम आत्मिक अनुभव करने वाले मानव नहीं हैं। हम तो वे आत्मिक जीव हैं जो मानवीय अनुभव कर रहे हैं।

– पियेर तियार्ड द शॉर्दो

आपके पास जो सर्वोत्तम है उसे दुनिया को बाँटने के बाद भी आप आहत हो सकते हैं। फिर भी दुनिया को अपना सर्वश्रेष्ट दीजिए।

– मदर टेरेज़ा

मुझे इस तथ्य से अधिक प्रेरक कुछ भी ज्ञात नहीं है कि मानव के पास अपने जीवन को चेतन प्रयास द्वारा ऊँचा उठाने की बेजोड़ क्षमता है।

– हेनरी डेविड थॉरो

जो बुराई की जड़ पर प्रहार करता है उसे शाखाओं पर हज़ार वार सहने पड़ते हैं।

– हेनरी डेविड थॉरो

संदर्भ सूची

स्टीफ़न आर. कवी की पुस्तकें

1. फ़र्स्ट थिंग्स फ़र्स्टः टु लिव, टु लव, टु लर्न, टु लीव अ लेगसी (न्यू यॉर्कः साइमन ऐंड शुस्टर, 1995)
2. ग्रेट वर्क, ग्रेट करियर (सॉल्ट लेक सिटीः फ्रैंकलिन-कवी कम्पनी, 2010)
3. प्रिंसिपल-सेन्टर्ड लीडरशिप (न्यू यॉर्कः साइमन ऐंड शुस्टर, 1991)
4. स्पिरिचुअल रूट्स ऑफ़ ह्यूमन रिलेशन्स (सॉल्ट लेक सिटीः डेज़र्ट बुक, 1976)
5. द थर्ड ऑल्टर्नेटिवः सॉल्विंग लाइफ़्ज़ मोस्ट डिफ़िकल्ट प्रॉब्लम्स (न्यू यॉर्कः फ्री प्रेस, 2011)
6. द सेवन हैबिट्स ऑफ़ हाइली इफ़ेक्टिव फ़ैमिलीज़ (न्यू यॉर्कः सेंट मार्टिन्स ग्रिफ़िन, 1997)
7. द सेवन हैबिट्स ऑफ़ हाइली इफ़ैक्टिव पीपल (न्यू यॉर्कः फ्री प्रेस, 2004)
8. द एट्थ हैबिटः फ्रॉम इफ़ेक्टिवनेस टु ग्रेटनेस (न्यू यॉर्कः फ्री प्रेस, 2004)
9. द लीडर इन मी (न्यू यॉर्कः फ्री प्रेस, 2008)

अन्य स्त्रोत

10. "बिग रॉक्स", फ्रैंकलिन-कवी विडियो, 1989

11. बी.जे. गैलेगर, "वाय डोन्ट आइ डू द थिंग्स आइ नो आर गुड फॉर मी!" (न्यू यॉर्कः पेंगुइन, 2009)

12. जेनेट ऐटवुड ऐंड जैक कैनफील्ड, "डॉ. स्टीफ़न आर. कवी, लीडिंग पीपल फ्रॉम इफेक्टिवनेस टु ग्रेटनेस, "अ लाइफ़ ऑन फ़ायरः लिविंग यॉर लाइफ़ विद पैशन, बैलेंस एंड अबन्डेन्स (एनलाइटेन्ड अलायन्सेज़, एल एल सी, नो डेट)

13. "नॉलेज वर्कर्सः 10,000 टाइम्स द प्रॉडक्टिविटी।" स्टीफ़न आर. कवी ब्लॉग http://www.stephencovey.com/blog?p=15

14. "डॉ. स्टीफ़न कवी इंटरव्यू फ़ीचरिंग जे अब्राहम, मई 10,2005।" http://abraham-pop.s3.amazonaws.com/stephencoveyinterview.pdf

15. "अवर चिल्ड्रन ऐंड द क्राइसिस इन एजुकेशन," हफ़िंगटन पोस्ट, अप्रैल 20,2010। http://www.huffingtonpost.com/stephen-r-covey/our-children-and-the-cris?_B_545034.html

16. लियो बबॉटा, "ऐक्सक्लूज़िव इंटरव्यूः स्टीफ़न कवी ऑन हिज़ मॉर्निंग रूटीन, टेक्नोलॉजी, ब्लॉग्स, जी टी डी ऐंड द सीक्रेट।" http://zenhabits.net/exclusive-interview-stephen-covey-on-his-morning-routine-blogs-technology-gtd-and-the-secret/

17. डैन शॉबेल, "स्टीफ़न कवी गिव्ज़ यू अ थर्ड ऑल्टर्नेटिव," फ़ोर्ब्स, अक्टूबर 4,2011। http://www.forbes.com/sites/danschawbel/2011/10/04/stephen-r-covey-gives-you-a-3rd-alternative/

18. स्टीफ़न आर. कवी, "वी कैन डू बेटर दैन दिसः अ थर्ड ऑल्टर्नेटिव," हफ़िग्टन पोस्ट, अक्टूबर 6,2011 http://www.huffingtonpost.com/stephen-r-covey/we-can-do-bette-than thi_2_b_998107.html

19. "अ डे विद स्टीफ़न कवी," 17,2012। http://insights.execunet.com/index.php/comments/a_day_with_stephen_r_covey/best-practices/more

20. पसर्नल कॉन्वर्सेशन विद स्टीफ़न आर. कवी

21. अनसोर्स्ड, ऐट्रिब्यूटिड टू स्टीफ़न आर. कवी

लेखक के बारे में

टाइम पत्रिका द्वारा 25 सर्वाधिक प्रभाशाली अमेरिकी व्यक्तियों में से एक, स्टीफ़न आर. कवी ने अपना जीवन गहन किन्तु सरल तरीक़े से यह सिखाने के लिए समर्पित कर दिया कि प्रत्येक व्यक्ति किस तरह अपनी नियति को नियंत्रित कर सकता है। वे एक अंतर्राष्ट्रीय रूप से सम्मानित नेतृत्व विशेषज्ञ, परिवार विशेषज्ञ, शिक्षक, संगठनात्मक परामर्शदाता व लेखक थे। उनकी 40 भाषाओं में 2 करोड़ से भी अधिक पुस्तकों की बिक्री हुई है, तथा द सेवन हैबिट्स ऑफ़ हाइली इफ़ैक्टिव पीपल को बीसवी सदी की नं.1 सर्वाधिक प्रभावशाली बिज़नेस पुस्तक माना गया। उनकी अन्य सर्वाधिक बिकने वाली पुस्तकों में शामिल हैं - प्रिंसिपल सेन्टर्ड लीडरशिप, फ़र्स्ट थिंग्स फ़र्स्ट, द सेवन हैबिट्स ऑफ़ हाइली इफ़ेक्टिव फ़ैमिलीज़, द एट्थ हैबिट : फ्रॉम इफ़ेक्टिवनेस टु ग्रेटनेस, और द लीडर इन मी : हाउ स्कूल्ज़ ऐंड पेरेन्ट्स अराउंड द वर्ल्ड आर इन्सपाइरिंग ग्रेटनेस वन चाइल्ड एट अ टाइम। वे फ्रैंकलिन-कवी ग्लोबल ऐजुकेशन ऐंड ट्रेनिंग फ़र्म के सह संस्थापक थे, जो एक अग्रणी संस्था है तथा ब्रिगम यंग विश्वविद्यालय में कई वर्षों तक लोकप्रिय प्रोफ़ेसर व प्रशासक रहे तथा ऊटा स्टेट विश्वविद्यालय में जॉन एम. हंट्समेन प्रेसिडेन्शियल चेयर इन लीडरशिप का पद भी संभाला। वे अपनी पत्नी व परिवार के साथ ऊटा में रहते थे।